建筑产业深刻变革与对策研究

Profound changes and countermeasure research of
construction industry

王铁宏　关瑞玲
王健宇　栾　帅　著

中国建筑工业出版社

图书在版编目（CIP）数据

建筑产业深刻变革与对策研究 = Profound changes and countermeasure research of construction industry / 王铁宏等著. -- 北京 : 中国建筑工业出版社，2024. 8. -- ISBN 978-7-112-30244-4

Ⅰ.F426.9

中国国家版本馆 CIP 数据核字第 2024S0H862 号

责任编辑：杨　允　咸大庆
责任校对：姜小莲

建筑产业深刻变革与对策研究

Profound changes and countermeasure research of construction industry

王铁宏　关瑞玲
王健宇　栾　帅　著

*

中国建筑工业出版社出版、发行（北京海淀三里河路9号）

各地新华书店、建筑书店经销

北京点击世代文化传媒有限公司制版

河北鹏润印刷有限公司印刷

*

开本：787 毫米×1092 毫米　1/16　印张：7¼　字数：68 千字

2024 年 10 月第一版　2024 年 10 月第一次印刷

定价：**58.00** 元

ISBN 978-7-112-30244-4

（43165）

目　录

也谈建筑产业新质生产力

习近平总书记于 2023 年 9 月在黑龙江考察时首次提出"新质生产力",强调要积极培育新能源、新材料、先进制造、电子信息等战略性新兴产业,积极培育未来产业,加快形成新质生产力,增强发展新动能。2023 年的中央经济工作会议,明确"要以科技创新推动产业创新,特别是以颠覆性技术和前沿技术催生新产业、新模式、新动能,发展新质生产力"。

近日,黄奇帆在北大演讲时表示,他理解的新质生产力大致是由新制造、新服务、新业态这三个"新"构成。以战略性新兴产业和未来产业为代表的新制造,以高附加值生产性服务业为代表的新服务以及以全球化和数字化为代表的新业态形成的聚合体就是新质生产力。

建筑产业的新质生产力同样要围绕这三"新"来思考。

一是新型建造方式。先是装配化,要结构-机电-装饰装修全装配化,进而实现建筑产业工业化、标准化、部品化、模块化、智能化,实现像造汽车一样造房子,造"好房子",更好、更省、更快,再进而实现装配化+,+供应链、+数字孪生、+AI(人工智能)、+区块链、

+ 元宇宙，还要 + "双碳"。不但新建建筑全装配化，而且既有建筑装饰装修也要装配化。这不但是新质产业链，而且是新质供应链。

二是新型服务业。建筑产业以高附加值生产性服务业为代表的新服务重点十分突出，如市场模式创新的 EPC（设计施工总承包模式），以及 PPP（政府和社会资本合作模式），通过优化设计、节省投资、缩短工期，为国家、业主创造价值，也为供给侧自身创造价值并且形成新的更高核心能力；又如新型全过程咨询服务业，数字技术包括项目级 BIM（建筑信息模型）、企业级 ERP（企业资源计划）、城市级 CIM（城市信息模型）服务业以及 BIM 或 CIM+，+ 供应链、+ 数字孪生、+AI、+ 区块链、+ 元宇宙、+ "双碳"服务业等。

三是新型业态。建筑产业供给侧新型业态要突出关注投-建-营，关注城市更新，关注装配化 +，关注数字化转型升级，关注建筑产业 "双碳"（建筑建造减碳和运行减碳），还要关注 "双循环"，特别是 "一带一路"走出去项目的新开拓。

为此，提出五方面研究建议：

一要研究建筑产业劳动力红利转移与绿色化转型。转型的关键是装配化 +，是全装配化，即结构-机电-装饰装修全装配化，进而还要工业化、标准化、部品化、模块化、智能化，还要 +EPC、+BIM、+ 超低能耗，更进而 +AI，这才是绿色化发展的逻辑主脉。突破瓶颈的关键在于城市级政府的真落实。

二要研究建筑产业市场模式变革与 EPC、PPP。"国办 19 号文"明确规定，建筑市场模式必须改革，推行 EPC，设计施工总承包、交钥匙，通过优化设计、节省投资、缩短工期，实现更好、更省、更快建设，确保公共投资项目不超概算、不超工期、避免腐败。与此同时，国家发展改革委等部门积极推动的 PPP 项目改革，是"让会当乙方的人来当甲方"，一定会追求优化设计、节省投资、缩短工期。

习近平总书记指出，要"真刀真枪推进改革"，要"抓住突出问题和关键环节，找出体制机制症结，拿出解决办法，重大改革方案制定要确保质量"。

三要研究建筑产业的低碳化变革。解决建筑产业实现"双碳"战略中的深层次问题，突出在重视碳达峰与建筑（运行）碳排放增量的关系，突出在重视碳中和与建造碳排放减量的关系。中共中央、国务院《关于完整准确全面贯彻新发展理念做好碳达峰碳中和工作的意见》指出，要大力发展节能低碳建筑，要持续提高新建建筑节能标准，加快推进超低能耗建筑等的规模化发展。

四要研究建筑产业系统性数字化转型。一是强调系统性数字化，实现项目级 BIM、企业级 ERP、产业级 DRP（数据资源规划）、城市级 CIM。党的二十大报告指出，以国家战略需求为导向，集聚力量进行原创性、引领性科技攻关，坚决打赢关键核心技术攻坚战。这方面已经取得突破性成果。目前，BIM 自主引擎、自主平台已经有若干个解决方案，ERP 有了自主可控解决方案，CIM 也有了若干个自主可控的底座解决方案。二是强调从 BIM 到 CIM，要 CIM+，＋供应链、＋数字孪生、+AI、＋区块链、＋元宇宙、＋"双碳"。一定要把握好 CIM 与 BIM 的关系，没有 BIM，就没有 CIM。但 BIM 不等于 CIM，BIM 是基础，是重要方面，但不是全部。因此，现在各城市要明确未来已来，一定要有 CIM，要用 CIM 指导 BIM，BIM 要适应 CIM；要用自主可控底座解决方案；自主可控解决方案要能够承载城市的各类监管和服务系统；CIM 要从园区级向区级进而城市级发展。建筑产业是数字产业化的巨大场景，场景至关重要。

在此，我们想特别突出两点，一是建筑产业要在工程建设领域数据要素化、数据资产入表方面率先破题。以项目 BIM 为例，它是把纸面设计图纸变成数据资产，是有价值的；它可以实现设计、施工共同建模，指导运维，投-建-营数字化全面打通，是有价值的；建造过程中，BIM 可以提前解决大量的错漏碰撞问题，节省返工成本和工期，是有价值的；只有在 BIM 基础上才能实现＋供应链、＋数字孪生、+AI、＋区块链、＋元宇宙等，实现工程建设全面系统性数字化，是有重要价值的；在项目级 BIM 基础上才能实现城市级 CIM，是有巨大价值的；从自主引擎 BIM 和自主三维图形平台到城市级自主可控 CIM 底座，对我们整个国家潜在的巨大价值，更是不可估量。如果说纸质设计图纸作为设计成果，占工程造价约5%，那么项目数据资产应该占百分之几？初期先按0.5%～1.0%可不可以？以后按其价值分档适当提高到1.5%～2.0%，这是一个重大课题，必须破题。在工程建设领域，不但涉及每年新开工的约27万项工程项目（约31万亿元总产值），而且还涉及500万～700万项既有工程项目（涉及几百万亿元总资产），都要解决数据资产入表问题，是几千亿甚至几万亿的数据资产的重大问题。

二是关于AI大模型。据说美国已开始举全国之力，要占据这一技术高端，并寄希望于以此解决美国发展的存量问题。现在是AI大模型的"百模大战""千模大战"阶段，但集中围绕的是通用大模型0到1问题，解决大模型的算力算法。中国也在奋力追赶。对此，我们一些头部企业和科技型企业的核心技术团队要关注、要研究，只要通用大模型竞争到一定程度，一定会有若干成熟的通用AI模型出现，既有美国的，也会有中国的，这个时候产业场景就至关重要了，中国的后发优势就开始显现了。要抢抓这一重要发展先机，那就是从1到N的问题了，在通用大模型基础上深入研发产业大模型，如设计AI大模型、全过程咨询AI大模型、全装配化+AI大模型、EPC项目管理AI大模型、投-建-营管理AI大模型、双碳AI大模型等，要谋篇布局，哪些以本企业为主，哪些则重点参与。

　　五要研究建筑产业新动能转换与业态变革。新动能包括城市更新，PPP、EPC 新的核心竞争力，投–建–营一体化和双循环，以及装配化＋、"双碳"和数字化转型。深化"1+1+N"模式，其中，"1+1"为既有公共投资和社会资本投资的传统基建方式；"N"为新动能带动的建筑产业增量。

　　党的二十大报告指出，充分发挥市场在资源配置中的决定性作用，更好发挥政府作用。城市人民政府在推动城市建设转型发展方面有一把"金钥匙"，即城市政府通过奖励项目容积率政策推动转型升级。这把"金钥匙"可以帮助城市政府打开"四把锁"，分别是推动装配化发展，推动超低能耗建筑发展，推动项目级 BIM 和推动城市级 CIM。还可以预埋下新要素的三颗"金种子"，一是推动超低能耗建筑发展，将产生巨大的碳汇要素价值；二是推动项目级 BIM 发展，将为项目实现数据资产价值；三是推动城市级 CIM 发展，将为城市政府实现更大规模的数据资产价值。这些领域亟待城市政府创新实践。

　　我们要以大格局、大思维思考百年未有之大变局、大背景下的大战略，推动转型升级与新动能转换，真正实现建筑产业新质生产力的创新发展。

上篇
关于建筑产业深刻变革

建筑产业是国民经济的重要支柱产业，也是第二大劳动密集型产业，还是绿色化、低碳化、数字化转型升级的最大场景。这里所说的建筑产业的范围更为广泛，涵盖了工程建设项目的全生命周期的各个方面，从规划、设计到施工、运维的各方主体及各个环节。而通常所讲的建筑业则在国内工程建设领域已被专指施工行业，实际上其只是建筑产业中的一个重要组成部分。这两个概念需要加以区分。

改革开放之后，特别是 21 世纪的前二十年，中国建筑产业经历了快速而持续的发展阶段，不仅为国民经济发展作出了重要贡献，成为重要的"三驾马车"之一，同时也对提高就业、提升城市化率和加快基础设施建设等发挥了关键作用。

按产业规模分析，2022 年全国建筑产业总产值达到311979.84 亿元；按劳动力分析，全产业就业规模超过5184.02 万人；按双循环发展战略要求，建筑产业及其产业链经济将在内循环和外循环双轮驱动中发挥十分重要的作用；按"双碳"目标要求，建筑产业占据"三大节能"举足轻重的位置，特别是如何破解既要碳达峰、碳中和，又要适时解决人民群众新希望、新要求，如广阔的夏热冬冷地区冬季供暖、夏季制冷、梅雨季除湿这样的结构性矛盾；按数字化转型升级要求，既要突出解决每年大量的新建项目在 BIM 应用基础上的自主引擎（"卡脖子"问题）、自主平台（安全问题）、全面贯通

（设计－施工共同建模并延伸至运维）和实现价值（既要为国家、业主、设计施工方自身创造价值问题，也要为未来已来支撑 CIM 提供 BIM 大数据创造价值的问题）四个关键问题；还要适时抓住企业级 ERP，全面打通企业层级以及管理－财务－税务三大系统上数字化共享，为企业提质增效发挥数字化转型升级的优势；并且要适时解决 BIM+ 问题，+CIM（智慧城市）、+ 供应链（平台经济）、+ 数字孪生（不但每年新开工的 27 万多项工程需要实时的毫米级数字孪生，而且 500 万～700 万项既有项目也要实现数字孪生）、+AI 智慧建造（工程制造 + 现场建造，两个 AI）、+ 区块链、+ 元宇宙的未来已来应用问题，关于解决既有项目在数字孪生基础上实现 BIM 大数据化也是即将到来的智慧城市的重要方面；建筑产业数字化正在加快推动城市建设数字化转型发展，要实现 CIM 指导 BIM，BIM 要适应 CIM，要用自主可控的 CIM 底座解决方案，自主可控的解决方案要能够适应城市已有的各类监管和服务系统，CIM 要从园区级向区级进而向城市级发展；建筑产业数字化还要关注数据要素化问题研究，关注公共投资项目资金能够全过程监管问题研究以及房地产项目资金亦能全过程监管问题研究。

党的二十大报告指出，要推动经济实现质的有效提升和量的合理增长。新发展格局下，中国城市建设的转型升级进而实现高质量发展正是推动经济质的有效提升和量的合理增长的重要方面，迫切要求我们经受住五重考验，即劳动力红利转移、市场模式深刻变革、"双碳"目标的机遇和挑战、数字化转型异常迅猛、在需求不足与内卷化倒逼之下的业态变革。我们应以大格局、大思维、大战略的胸怀从容应对，实现质的有效提升和量的合理增长。

变革一：建筑产业劳动力红利转移

21 世纪的前二十年，中国建筑产业经历了空前的繁荣和发展，而建筑产业之所以能够长期快速发展，其中一个深层次原因就是得益于我们丰富的劳动力红利。一方面，我国庞大的人口基数为建筑产业提供了源源不断的劳动力资源。另一方面，随着经济的发展和社会的进步，我国劳动力的素质和技能水平不断提高，这也为建筑产业的快速发展提供了有力保障。

然而，随着中国经济的持续发展和人口结构的变化，劳动力成本正在逐渐上升，劳动力红利正在逐步从建筑产业向其他新兴产业转移。现在建筑产业正面临的窘境是什么？就是工地上几乎没有农二代，全是农一代，平均年龄超过 55 周岁。

根据国家统计局《2022 年农民工监测调查报告》的数据，2022 年全国农民工总量达到了 29562 万人，较上年增加了 311 万人，增长率为 1.1%。这一数据表明全国劳动力市场依然保持着增长态势，即总体上说我们国家的劳动力红利依然还在。但是分析其内在结构，发现在从不同的产业向另外的产业转移。很遗憾，我们建筑产业是被转移的产业。

该调查报告数据显示（图 1、图 2），从事传统建筑产业的劳动力比重呈现下降趋势，2022 年从事传统建筑产业的农民工比重为 17.7%，比上年下降了 1.3 个百分点。对比中国建筑业协会《2022 年建筑业发展统计分析》的数据，全国从事施工活动的人数为 5184.02 万人，同比 2021 年下降了 0.31%。这些数据均表明，建筑产业的劳动力红利正在转移。

单位：%、百分点

行　业	2021 年	2022 年	增　加
第一产业	0.5	0.5	0.0
第二产业	48.6	47.8	−0.8
其中：制造业	27.1	27.4	0.3
建筑业	19.0	17.7	−1.3
第三产业	50.9	51.7	0.8
其中：批发和零售业	12.1	12.5	0.4
交通运输仓储和邮政业	6.9	6.8	−0.1
住宿餐饮业	6.4	6.1	−0.3
居民服务修理和其他服务业	11.8	11.9	0.1

图 1　2022 年农民工就业行业分布情况

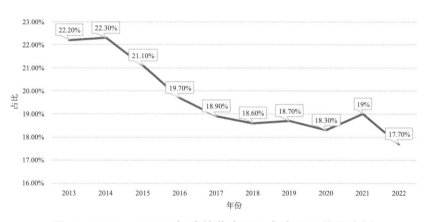

图 2　2013—2022 年建筑业农民工占农民工总量比例

劳动力红利转移的压力不仅体现在劳动力总量的减

少，还体现在劳动力平均年龄的增加。2022 年，全国农民工平均年龄 42.3 岁（图 3），40 岁及以下农民工所占比重为 47.0%，50 岁以上农民工所占比重为 29.2%。而十年前，全国农民工平均年龄 37.3 岁，40 岁及以下农民工所占比重为 59.3%，50 岁以上的农民工占 15.1%。总体上说，全国农民工劳动力普遍缺乏年轻力量。而劳动力老龄化问题在建筑产业则更为突出，有关统计数据显示，全国建筑工地上的农民工平均年龄已达 55 周岁，比全国农民工整体平均年龄高了 12 岁多，这表明，新生代农民工不看好传统建筑产业。

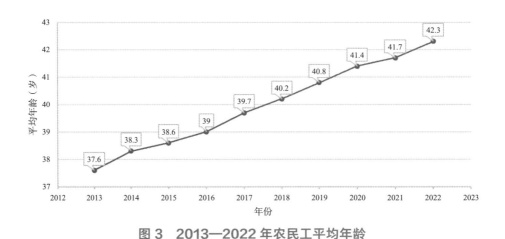

图 3　2013—2022 年农民工平均年龄

　　造成建筑产业劳动力红利转移的主要原因，一是我国城镇化进程的不断加速，农村劳动力的流动和就业选择发生了深刻的变革。城市经济的不断发展壮大为农民工提供了更多的就业机会和发展空间，越来越多的农村劳动力选择在家附近寻找就业机会。并且，电商行业的蓬勃发展，为农村劳动力提供了如快递、外卖等其他就业选择。二是随着教育水平的提高，新一代农民工接受了更高层次的教育，获得更多技能和知识，在选择职业时更倾向于选择适应现代产业要求的工作，而不再满足于传统的体力劳动。多重因素叠加，导致传统建筑产业劳动力红利转移问题更为突出。

传统建筑产业正面临用工成本上升、人力资源不足、施工效率低下等结构性问题，这是我们要应对的重大挑战。在此背景下，建筑产业必须要推动产业转型升级以适应劳动力红利转移的时代变革。

装配化进而工业化转型是重要途径之一。实现装配化＋，实现结构－机电－装饰装修全装配化，进而实现工业化、标准化、部品化、模块化、智能化，更进而实现＋BIM、＋CIM、＋供应链、＋数字孪生、＋AI、＋区块链、＋元宇宙以及＋"双碳"。要在《中共中央、国务院关于进一步加强城市规划建设管理工作的若干意见》和《国务院办公厅关于大力发展装配式建筑的指导意见》文件基础上，切实重视城市级政府关于大力发展装配式建筑文件的真正推广落地问题。

综上，建筑产业要明晰劳动力红利转移与建筑产业装配化进而工业化的逻辑关系。面对劳动力红利转移的严峻挑战，建筑产业如何应对，这是需要思考的一个重大问题。

变革二：建筑产业市场模式深刻改变

　　《国务院办公厅关于促进建筑业持续健康发展的意见》（国办发〔2017〕19号）是指导建设领域深化改革的纲领性文件，其中就建筑市场模式改革以及政府监管方式改革等作出了明确规定，关于市场模式改革，明确鼓励设计施工总承包模式；关于招标投标制度改革，明确按投资主体重新要求，对社会资本投资项目不再简单"一刀切"；关于政府监管方式改革，明确对甲乙双方同等要求、同等问责；关于质量监督主体责任改革，明确要研究建立质量监督体制；关于全过程咨询，明确适时推进工程建设项目的全过程咨询等。其中最突出、最重要的是关于市场模式改革，这是一项根本性改革，也是深层次的体制机制改革。我们早已进入社会主义市场经济阶段，但是我们城市建设中公共投资的房屋和市政基础设施项目的市场模式仍在延续着计划经济模式，客观上造成公共投资的城市房屋和市政基础设施项目超概算、超工期严重，有些甚至出现腐败问题。

　　其实我们国家一直在推进公共投资项目市场模式改革，即设计施工总承包模式（EPC），即"交钥匙"。工业项目已经很好地实现了EPC，不但"交钥匙"，还要求"达产"；铁道、交通、水利等也有很多成功范例；城市建设中已开始推进EPC模式改革并取得了初步效果。普遍地看，推进 EPC，可以优化设计、节省投资、缩短工期，一般可节省投资 15% 左右，缩短工期 10%~30%，实现公共投资项目更好、更省、更快建设。推行 EPC 是市场模式改革的突破口。设计施工总承包单位可单独或与业主共享优化设计、降低成本、缩短工期所带来的效益，有动因既讲节约又讲效率，从根本上解决公共投资项目超概算、超工期严重，以及腐败时有发生的问题，是公共投资项目特别是房屋和市政基础设施项目供给侧结构性改革的重要推进。

需要关注的是，在 EPC 基础上更深层次的改革，即 PPP 模式。EPC 的关键在于形成真正意义上优化设计、节省投资、缩短工期的甲乙双方理性契约关系。PPP 则是更深入的改革，是投资方式改革的深化，必然推动公共投资项目全面提高投资质量和效益的深入改革。可以断定，真正意义的 PPP 必然需要 EPC，真正实现 EPC 则必然需要建筑产业综合技术的全面创新和提升。相信这将会是经济新常态下转型发展的必然要求，也是供给侧改革创新的必然要求。

大型企业特别是央企国企一定要打造全新的核心竞争力，要证明，PPP 项目比不是 PPP 的项目更好、更省、更快，关键在于建筑产业供给侧结构性改革能否跟上，紧扣 PPP 与 EPC 的结合，把握两者之间的逻辑与辩证关系。

习近平总书记指出，抓住了创新，就抓住了牵动我国发展全局的'牛鼻子'，要抓住突出问题和关键环节，找出体制机制症结，拿出解决办法，重大改革方案制定要确保质量。

建筑产业市场模式深刻变革与建筑企业新的更高核心竞争力的逻辑关系，突出的是央企国企，亦包括领军型的民营建筑业企业。

变革三："双碳"目标的机遇与挑战

2020年9月，习近平主席向世界宣布，中国将力争2030年前实现碳达峰、2060年前实现碳中和。在此目标下，各行业都要重视一个核心问题，即碳达峰后本行业是否还会出现大量的碳排放增量。

建筑产业是我们国家最大的碳排放产业。根据《中国建筑能耗与碳排放研究报告（2021）》，2019年全国建筑全过程碳排放总量为49.97亿 tCO_2，占全国碳排放总量的50.6%。在建筑全过程碳排放总量中，55.4%来自建筑材料，42.6%来自运行阶段，2.0%来自施工阶段。能耗方面，2019年全国建筑全过程能耗总量为22.33亿tce，占全国能源能耗总量的45.8%。在建筑全过程能耗中，建材生产阶段占比为49.7%，运行阶段占比为46.2%，施工阶段占比为4.1%。建材生产、建筑运维两阶段贡献的碳排放量和能耗量均超过全生命周期总量的95%，因此，做好这两阶段的碳减排是关键。

建筑产业的高排放、高耗能的原因主要包括以下几方面。从产业链角度，建筑产业的产业链链条长，产业链中用能部门多且大多是高能耗部门，例如2019年全国建材生产阶段碳排放为27.7亿 tCO_2，占全国总量的28%；从建筑全生命周期角度，建筑寿命越长，其年化隐含碳排放强度越低，而过去我国城市建设以大拆大建为主，大量的碳排放在拆除重建过程中产生；从能源消费的角度，建筑是能源、工业生产和人类生产活动链接的载体，一方面，工业生产、人类活动的部分用能是通过建筑来体现，另一方面，建筑本身作为用能终端，运行过程中向使用者提供舒适的室内环境也将消耗大量能源。

所以说，建筑产业是碳排放"大户"。如何在碳达峰时解决产业碳排放增量的问题是核心问题。2027年将是一个非常重要的时间节点。2027年开始，碳汇交易政策可能会在全国推广，现在国家正在一些产业和行业、一些地区和项目试点示范。据预测，到那时1t碳汇可能会在100~200元人民币，美国可能会为100美元，欧盟可能会为100欧元，换言之到那时碳汇交易政策会产生巨大的减碳效应，因此很多投资机构已经看好减碳的战略意义和价值。原本我们以为中国会走在世界减碳政策的前列，但没想到去年欧盟就实现了100欧元碳汇，这是由于俄乌冲突造成整个欧盟的能源危机倒逼使然。而我们国家2030年的碳达峰目标不会改变，基本判断是可能会在2027年前后开始全面推行碳汇交易政策。

碳汇交易既是严峻挑战，也是重要商机。很多"双碳"技术的发展拐点即将出现，很多投资机构特别是战略性投资机构非常看重"双碳"技术，包括建筑产业的运行减碳、建造减碳技术和产品。那么，建筑企业是否发展"双碳"技术？是要着重思考的问题，要充分把握好建筑运行减碳的重要商机与建造减碳潜在的、新的核心竞争力。

变革四：建筑产业数字化转型异常迅猛

建筑产业作为供给侧，正在全力实现产业数字化和数字产业化。

三年前，建筑产业热议的话题是项目级 BIM，即无 BIM 不项目，全面实现 BIM 大数据化，并且要给项目业主方和总承包方都创造价值。例如通过 BIM 提前发现错漏、碰撞问题，为业主和总承包方节省成本，使业主愿意再次合作并建立长期合作关系，从而为自身的核心能力进一步加持。

两年前，建筑产业热议的话题是企业级 ERP，打通层级、系统，为企业创造价值。在企业管理中，存在大量的痛点、盲点。我们说要事前事中决策，但这对于绝大多数建筑业企业非常困难，大部分仍是事后在报表上体现。比如，项目需要一批钢材，购买的钢材型号、数量是否正确无法确定，这就是企业管理中的盲点。通过 ERP 全面打通层级、系统，可以实现管理过程中无死角、无盲点、无痛点。

去年，热议的话题是城市级 CIM。数字化的发展已经到了城市级，此时讨论的数字化，是系统性数字化。这时不仅需要全面 BIM，更要城市级 CIM 指导下的 BIM。城市的目标是什么，需要达到什么水平，建筑业企业能在中间发挥什么作用？例如，北京城市副中心有四大板块，其中一个板块是文化旅游区，文化旅游区管委会明确要求要发展 CIM，并提出要 CIM 指导 BIM，BIM 要适应 CIM，CIM 的底座要和 BIM 一样是基于自主可控引擎的底座，同时 CIM 底座还要能承载政府的各类监管和服务系统，如照明、燃气、污水、消防、交通、综合管廊等监管和服务系统。而作为管委会虽然有明确的需求，但自身并没有建设系统的能力，因此委托北京建工集团承担了具体建设工作，帮助文化旅游区打通所有的新建项目的 BIM，以及 BIM 到 CIM 的工作。对于新开工项目，有些总包方、设计院会做，但有些不会做，对于不会做的则由北京建工集团提供相关帮助和指导。此外，文化旅游区还存在大量的既有项目，这些既有项目也需要通过数字孪生技术形成 BIM 大数据，同样是委托北京建工集团来完成。

由此可见，建筑业企业可以在城市级数字化转型升级中发挥重要作用。当然，我们需要时刻提醒，系统性数字化不再是简单的某一层面、某一方面的数字化，即只会项目级数字化是远远不够的，只会做企业级数字化也同样是不够的，一定是要做好各层级的、全面的系统性数字化。

今年，建筑产业热议的是产业级 DRP，突出解决三个问题，即一是公共投资项目资金要能够做到全过程监管，二是社会资本投资项目尤其是房地产项目亦要能够做到资金全过程监管，三是要加快解决项目数据资产入表问题。

变革五：建筑产业在需求不足与内卷化倒逼之下的业态变革

　　建筑产业在面临需求不足和内卷化压力的情况下，势在必行地需要进行业态变革。这种变革既是应对市场挑战的需要，也是推动可持续发展的重要途径。方向有二：一是抓住绿色化－低碳化－数字化转型的重要窗口期主动变革；二是实现全产业链和全生命周期业态再造的主动变革。这两个方向的主动变革不仅可以推动建筑产业从传统模式向工业化、现代化、智能化方向发展，更有利于应对市场挑战，满足不断变化的需求。

　　对标汽车产业的发展历程，我们发现有两次重大变革的成功经验，可以给建筑产业带来深刻启示。

　　第一次大变革是 20 世纪初福特第一条汽车生产线诞生，彻底改变了汽车产业的命运。在汽车生产线诞生之前，汽车的生产是作坊式的，价格非常昂贵，只有皇室贵族才能买得起、用得起，普通百姓望尘莫及。但是福特第一条汽车生产线诞生之后，彻底改变了汽车产业的格局，汽车进入了工业化、标准化、部品化、集成化生产模式，生产成本大幅下降，使得汽车成为大众消费品，进入了寻常百姓家。

　　为此，法国著名建筑师勒·柯布西耶由衷感慨道，什么时候能够像造汽车一样造房子？他在《走向新建筑》

中提出设想："如果研究住宅问题或者公寓问题也像研究汽车底盘问题一样，我们的住宅就会很快变样、改观。如果房子也像汽车底盘一样进行工业化的批量生产，意想不到的健康的、合理的形体将很快出现，同时形成一种高精确度的美学"。

这种理念体现了对建筑工程进行工业化、部品化和标准化的追求。建筑工业化的概念旨在通过工程流程的标准化、模块化设计和自动化制造，提高建筑制作的效率和质量；部品化是指将建筑所需的各种构件、材料和设备模块化和标准化，使其能够像工业品一样在工厂生产，标准化意味着制定通用的建筑设计、施工和管理标准，以便在建筑过程中实现统一的规范和质量。这一理念源于对现代社会迅速发展和高效生产的需求，将建筑视作像汽车一样可以大规模生产的产品。借鉴汽车制造业的成功经验，建筑工业化可以极大地减少生产成本、缩短工程周期，同时实现更高的设计精度和可靠性。然而，在追求建筑工业化的过程中，我们也必须考虑与建筑本质相关的独特性和多样性。建筑作为人类生活、工作、创意表达的场所，其多样性和个性化需求不可忽视。因此，在实现工业化、部品化和标准化的同时，我们应充分考虑如何保留和发展建筑的艺术性、文化性和人文性，以满足不同社会群体的需求。

柯布西耶的理念在欧洲得到广泛认可，其中包括德国现代建筑师和建筑教育家瓦尔特·格罗皮乌斯，现代主义建筑学派的倡导人和奠基人之一，公立包豪斯（BAUHAUS）学校的创办人。包豪斯学派的核心理念是将艺术、工艺和工业化相结合，对现代建筑和设计领域作出重要贡献。这种理念催生了现代建筑工业化的概念，强调实用性、美学和标准化，为建筑产业的发展奠定了基础。格罗皮乌斯认为，"必须形成一个新的设计学派来影响本国的工业界"。随后，在包豪斯产生了一种新的工艺美术风格和建筑风格，特点是注重满足实用要求，发挥新材料和新结构的技术性能和美学性能，造型整齐简洁，构图灵活多样。这就是建筑工业化，所有建筑里都是部品部件，可拆卸、可更换。包豪斯的贡献不仅仅局限于建筑领域，还涵盖了家具、家居用品等。在德国和北欧包豪斯风格比较流行。例如宜家家居所售卖的家居产品就充分体现了包豪斯风格，通过工业化、标准化和部品化的生产方式，提供了大量实用且设计优良的产品。"二战"以后，格罗皮乌斯到了美国，继续培养学生，其中包括贝聿铭。贝聿铭为法国巴黎的卢浮宫设计的玻璃金字塔，也是建筑工业化风格，通过现代技术实现设计的复杂性，强调了建筑的结构和材料的重要性。

建筑工业化是汽车产业给我们的第一次启示。

传统的汽车厂商盈利模式主要依赖销售整车来获取利润，但随着产业的发展和竞争加剧，利润空间变得有限。因此，许多汽车厂商已不再靠卖整车盈利，而是靠卖整车保本并抢占市场，而后通过持续提供售后服务、定期养护、售卖部品部件等方式盈利。零部件通常有更高的利润率，一部整车如果拆成零部件，可以卖出四部整车的价格。因此，厂商可以通过这种方式增加盈利。提供售后服务、维修和定期保养也成为汽车制造商的重要盈利来源。消费者在购买汽车后，会需要定期维护和更换零部件，这为厂商提供了持续的盈利机会。此外，随着电动汽车和智能汽车等新技术的发展，汽车产业也在不断探索新的盈利模式，如提供智能化服务、定制化配置等，以满足不同消费者群体的需求。

随着消费者需求的变化，汽车厂商的盈利模式正在紧跟其脚步进行改变，这是汽车产业给我们的第二个启示。

对于建筑产业来说，我们需要思考，产业发展是否已经到了天花板；如果已到，是否要参考汽车产业的发展，将重心由建筑建造转向建筑运维。目前，建筑企业并未对建筑运维有足够的重视，但事实上服务、运维领域蕴藏着巨大潜在的商机。

下篇
关于建筑产业的对策研究

　　党的二十大报告指出，要推动经济实现质的有效提升和量的合理增长。新发展格局下，建筑产业全面应对五大复杂而深刻的变革，实现从市场模式变革到绿色化-低碳化-数字化全面转型升级，进而实现高质量发展，正是推动经济质的有效提升和量的合理增长的重要方面。

　　在迎接这一全面转型的挑战时，我们需要以大格局、大思维、大战略的胸怀从容应对。建筑产业的质的有效提升和量的合理增长需要我们在产业结构、技术创新、绿色发展等多个方面进行全面考量和调整。首先，我们应重视产业结构的调整，推动建筑产业朝着高端、绿色、智能方向发展，引导企业加大科技研发投入，培育新兴产业，提升整个产业的附加值和竞争力。

　　其次，技术创新是实现建筑产业质的有效提升的关键。我们需要加强科技与建筑产业的深度融合，推动绿色化、低碳化、数字化技术在建筑设计、建造、运营等方面的广泛应用，以提高生产效率，降低资源消耗，提高建筑质量，推动产业朝着高质量发展的方向迈进。

　　最后，绿色化、低碳化、数字化的全面转型不仅仅是技术层面的改变，更需要全社会共同努力，形成良好的生态环境和产业生态。政府、企业和社会应加强合作，共同推动绿色技术创新，推进绿色建筑标准的制定和实施，鼓励可再生能源的应用，实现建筑产业的绿色化发展。

通过以上多方面的努力，我们能够实现建筑产业质的有效提升和量的合理增长，为我国经济的高质量发展贡献力量，迎接新时代发展的新挑战。这也符合党的二十大报告对经济发展的要求，为推动中国经济实现更高质量、更可持续的增长奠定坚实基础。

对策一：劳动力红利转移与绿色化转型

1. 为什么发展装配化

建筑产业绿色化转型的关键问题是装配化＋，是全装配化（结构－机电－装饰装修全装配化），是工业化、标准化、部品化、模块化、智能化，是＋EPC、＋BIM、＋超低能耗，这是绿色化发展的逻辑主脉。装配化是绿色建筑的重要手段，可以大幅减少施工现场对资源的消耗，减少施工时间，并提高建筑质量。EPC模式以全过程、全要素、全参与的工程总承包理念，推动了项目的整体绿色设计、建设、运营，从而实现高效、环保的目标。BIM技术的应用可以在建筑设计、施工、运维等各个阶段提高效率、降低成本、减少浪费，有利于建筑绿色化的发展。超低能耗是绿色建筑的重要目标。城市级政府的真落实，是建筑产业绿色化转型的关键。政府的政策引导、技术支持和市场激励，将为绿色建筑的普及和发展奠定坚实基础。

我国现有的建造技术（称之为传统技术）形成于1982年，即钢筋混凝土现浇体系，又称湿法作业。客观上讲，其虽然对城乡建设快速发展贡献很大，但弊端亦十分突出：一是粗放式，钢材、水泥浪费严重；二是用水量过大；三是工地脏、乱、差，往往是城市可吸入颗粒物的重要污染源；四是质量通病严重，开裂渗漏问题突出；五是劳动力成本飙升，招工难、管理难、质量控制难（作者认为，这一条恰恰是最本质的）。这表明传统技术已非改不可了，加上节能减排的要求，必须加快转型，大力发展工厂化装配式建筑。

中共中央、国务院《关于进一步加强城市规划建设管理工作的若干意见》（2016 年 2 月 6 日）指出，发展新型建造方式。大力推广装配式建筑，减少建筑垃圾和扬尘污染，缩短建造工期，提升工程质量。制定装配式建筑设计、施工和验收规范。完善部品部件标准，实现建筑部品部件工厂化生产。鼓励建筑企业装配式施工，现场装配。建设国家级装配式建筑生产基地。加大政策支持力度，力争用 10 年左右时间，使装配式建筑占新建建筑的比例达到 30%。积极稳妥推广钢结构建筑。在具备条件的地方，倡导发展现代木结构建筑。这是最高层面的指导文件，具有极高的指导意义。

《国务院办公厅关于大力发展装配式建筑的指导意见》（国办发〔2016〕71 号）明确工作目标，以京津冀、长三角、珠三角三大城市群为重点推进地区，常住人口超过 300 万的其他城市为积极推进地区，其余城市为鼓励推进地区，因地制宜发展装配式混凝土结构、钢结构和现代木结构等装配式建筑。力争用 10 年左右的时间，使装配式建筑占新建建筑面积的比例达到 30%。同时，逐步完善法律法规、技术标准和监管体系，推动形成一批设计、施工、部品部件规模化生产企业，具有现代装配建造水平的工程总承包企业以及与之相适应的专业化技能队伍。

各省级人民政府都在贯彻落实国办关于大力发展装配式建筑的文件，明确要大力发展装配式建筑，今后 10 年装配式建筑要占新建建筑面积比例达到 30%，有的省市要求达到 35%，还有的省市比如上海等要求更高。

根据统计数据，2021 年，全国新开工装配式建筑面积达 7.4 亿 m²，较 2020 年增长 18%，占新建建筑面积的比例为 24.5%。由图 1 可见，自 2016 年以来，我国新开工装配式建筑面积和占新建建筑面积比例快速增长，但距离 30% 的总体目标仍有努力空间。

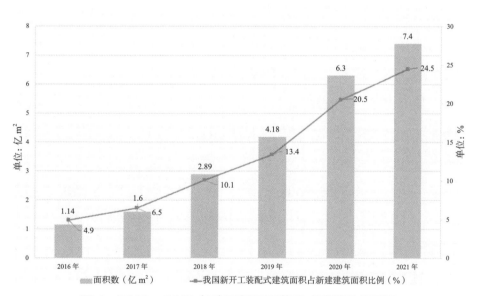

图 1　2016—2021 年我国新开工装配式建筑数据情况

尽管中央和地方已经出台了大力发展装配式建筑的指导性文件，但确实需要更明确、更具体、更落地的实施细则和项目指南来具体要求，迫切需要城市级政府出台落地性指导文件，这是关键。城市级政府要通过制定和发布具体的落地性文件，明确其装配式建筑发展的具体目标、实施路径、支持政策、技术要求等，文件将为市、县（区）政府、企业和项目提供非常明确的指导意见和规范要求，推动装配式建筑在实践中取得更好的效果，促进装配式建筑产业化健康发展。

2. 如何发展装配式

在这方面，上海做得非常好，上海正在引领全国城市发展装配化的发展方向。上海市将装配式建筑作为提升城市发展品质和建筑业转型升级的重要工作。上海市的先进经验主要可以归纳为3点。

首先是"倒逼机制"。上海市政府早在2016年就作出规定，外环线以内新土地招拍挂项目全部采用装配式建筑，且装配化率要求很高并逐年还要提高；外环线以外也要全部采用装配式建筑，装配化率比外环线以内稍晚一个梯度也要逐年提高。上海现在新建建筑装配化已超过90%。

其次是"奖励机制"。装配化有人认为贵，有人认为不贵。如何让装配化不贵，按照工业化思维，就需要标准化，标准化就需要房子的户型要少且模数要统一。模数越多，模具成本就越高，那么建造成本就会相应越高，所以需要统一模数以降低模具成本。上海考虑到这一点，在市场形成新的盈利能力之前，给予奖励容积率不超过3%。因此，发展装配式建筑，人民群众得到的最直接的实惠和好处是得房率实实在在提高了（1%~3%），房屋质量比传统技术明显提高。据上海市的开发企业反映，装配式建筑竣工后的报修率比传统技术大幅度降低，开裂渗漏等质量通病问题基本上得到解决。

在"倒逼机制"和"奖励机制"共同作用下，开发商由原来的普遍抵触变为积极推广，努力探讨什么样的装配式建筑更好、更省、更快。设计院不断深化设计能力，研究什么样的装配式建筑更能符合市场需要。施工单位不断加大技术研发和资金投入，提升装配式建造的水平，向装配式建筑全产业链发展。目前，上海建工集团、上海城建、中建八局等单位已成为装配式建筑全产业链的领先企业。部品部件生产企业不断加大投入、提升产能，快速拓展装配式建筑市场，积极性空前高涨。上海市及周边城市人民政府都非常重视装配式建筑产业的聚集效应，把装配式产业作为提升本地经济转型和跨越发展的一次契机。

最后是"观摩推广"。建筑产业的发展相对比较保守，发展装配化之初，阻力很大、困难很多。对此，上海的做法是不作争论，直接开观摩会。一连开了几场观摩会之后，行业内变得鸦雀无声。之前抱怨没规范、没标准的声音逐渐消失，上海的设计院用成果作出了回应。

上海市的成功经验就是，市委市政府对发展装配式建筑非常坚定，概括为：真明白、真想干、真会干。

一是真明白。就是真正明白发展装配式建筑是党中央国务院的重大决策部署，是绿色发展和提升城市发展品质的必然选择。绿色发展是我国新时期重要的发展理念。我国的经济总量主要聚集在城市，要发展绿色经济必然要发展绿色城市，而建筑运行与建造能耗又占全社会总能耗的近一半，因此，发展绿色城市必须发展绿色建筑。上海市委市政府出台文件坚定贯彻党中央国务院文件精神，就是深刻认识到绿色发展是提升城市发展品质的关键，装配式建筑对发展绿色城市和促进经济转型具有突出作用，这种真明白，既有认识论层面的，又有方法论层面的。

二是真想干。就是真正有把发展装配式建筑这件大事做好的决心和坚定意志。上海市的发展决心从在供地面积总量中落实装配式建筑面积的要求不断升级上抓住了"牛鼻子"。到 2016 年要求全市符合条件的新建建筑原则上都采用装配式建筑。标准要求不断提高，形成了强大的政策推动力，市场倒逼机制不断加强。在倒逼机制下，政府只需要因势利导落实奖励政策和做好示范引导，其他的就交给市场好了。但是如果政府的发展决心不大，还没有想明白真正想干发展装配式建筑这件大事，就会在各种困难面前却步，由于涉及规划、国土、发改、财税、建设等多个部门，或是几位副市长分管，就可能推诿扯皮，如土地供应上有人不明确对开发商的要求，怎么办？行业里在推广初期反映很多问题，如有人说没有标准，有人说不会设计，有人说不会安装，还有人说不会验收等，怎么办？破解这些问题的根本就在于市委市政府发展装配式建筑的决心和坚定意志。上海市委市政府就是通过制定政策加强市场倒逼机制，真正把发展决心落到实处。

三是真会干。就是要找出发展装配式建筑的关键环节，突破关键问题，制定切实有效的措施。上海市在这方面的确作出了表率。一是市委市政府主要领导非常重视装配式建筑发展，由分管副市长召集有关单位成立"上海市绿色建筑发展联席会议"，推动相关政策制定落实和工作协调。二是对于应实施装配式建筑的建设项目，在土地出让合同中明确相关要求，保障项目顺利落地。三是出台扶持鼓励政策，如规划奖励、资金补贴、墙材专项基金减免等政策；明确装配式建筑工程项目可以实行分层、分阶段验收；新建装配式商品住宅项目达到一定工程进度可以提前预售，现阶段，最重要和最有效的就是奖励容积率（3%～5%）。四是建立并逐步完善了从设计、构件生产、施工安装到竣工验收的标准规范体系和图集，实施全过程质量监管，保障工程质量。五是充分发挥示范的引领作用，培育骨干企业，不断提高预制构件产能，形成完整的产业链。简约地说，上海市大力推动装配式建筑发展突出的就是，抓住"倒逼机制"（牵住"牛鼻子"）和"奖励机制"（给快牛多喂草）及通过示范项目现场观摩引导各方。显然，只有解决了认识论层面的"真明白"的问题，才能破解方法论层面的"真会干"的问题。

要把发展装配式建筑这项重要工作做好，现在看来，根本在于市委市政府的决策领导是否能像上海市委市政府做得那样，坚定发展装配式建筑的决心，全面完成党中央国务院制定的发展目标。市委市政府真明白、真想干，那么有关部门和市场主体就能真会干，是推动装配式建筑发展的成功经验，而决策领导的坚定意志又是成功的根本原因。我们认为，装配式建筑发展能否在全国全面地"既开花又结果"，还是只在部分地区"既开花又结果"，而在另外部分地区"只开花不结果"，关键的关键就在于市委市政府的决策者的坚定意志。

3. 建筑产业要如何做

发展装配化，建筑产业需要真刀真枪地回答好四个问题：

一是到底要不要发展装配化？ 这已然是摆在建筑业企业面前的一个重大战略性问题。

二是发展什么样的装配化？ 经过多年的努力我国工厂化装配式建筑已取得突破性进展，有些已处于世界领先地位，归纳起来有 3 种模式：一是钢筋混凝土预制装配式建筑（PC）（PC装配化有：1.0版现浇剪力墙＋预制三块板＋套筒灌浆、2.0版预制剪力墙＋三块板＋套筒灌浆、3.0版预制剪力墙＋三块板＋后浇柱后浇梁、4.0版模块化，而且现阶段已发展到结构－机电－装饰装修全装配化），适用于量大面广的多层、小高层办公、住宅建筑。二是钢结构预制装配式建筑，适用于高层办公、宾馆建筑，部分应用到住宅建筑。三是全钢结构全装配式建筑，适用于高层、超高层办公、宾馆、公寓建筑，完全替代传统技术，更加节能、节钢、节混凝土、节水，部品化率可达80%～90%。

　　三是准备在哪里发展装配化？ 装配化是有运输半径的，PC的运输半径也就是150～300km，钢结构的运输半径约300～500km。任何企业都不可能包打天下，要抢抓重点区域、重点城市，如京津冀、长三角、珠三角、成渝双城、武汉城市群、郑州城市群等，当在某一城市有了产业基地后，除非市场空间足够大，否则其他竞争对手很难再进入。

　　四是怎样更好地发展装配化？ 把地方政府的优惠政策用足用好，如基地的土地优惠，税收优惠，保障房项目给装配化下订单，推广商业示范等。

　　我们说发展装配化，特别是部品部件生产基地对于城市政府来说贡献很大。第一是GDP贡献，因为它是工业制成品，有巨大的工业增加值；第二是税收；第三是劳动力就业。因此，城市政府对于建立生产基地将予以优惠政策，主要是土地优惠，税收优惠，保障房订单、商业用地可酌情研究等，这些均已写入地方政府的招商引资文件中。如果到某地建基地，能予以商业用地鼓励作为装配化商业示范，以扶持科技创新企业，助力实现产业升级、高质量发展这是最重要的。那么企业拿到商业用地后，或能吸引到开发商的青睐，共同推动商业地产项目广泛应用装配化。如果再联合生产机电部品部件企业、装饰装修部品部件企业等共同加持，那么一个全新的装配化产业联盟就形成了。装配化发展到今天，已经是产业联盟与产业联盟之间的竞争，而不再是单一部品部件厂商之间的竞争。所以，竞争的关键是企业能否成为产业联盟的盟主和产业链的链长。

案例：用新型工业化建造方式打造"好房子"的宝业解决方案

如何建造"好房子"，如何用新型工业化建造方式建造"好房子"，是当前建筑产业一个重要课题。为此，本书作者对宝业新型工业化建造产业基地和绍兴大阪绿园、绍兴新桥风情、上海活力天地项目进行了专题调研，从中梳理出来以下 5 点思考。

创新一：新型结构装配化的后浇墙、板连接体系，突出解决现有 PC 剪力墙套筒灌浆技术的疑虑。

一是宝业新型结构装配化的双面叠合夹心保温（"三明治"）剪力墙体系在工厂流水线上生产。施工现场的上下 2 个楼层的剪力墙，有竖向插入钢筋连通，这些钢筋能承受水平向剪力；柱的钢筋跟传统现浇钢筋混凝土结构原理相同，可从底层一直贯穿到顶层，柱的混凝土跟双面叠合剪力墙空腔、叠合梁的上部、叠合楼板的上部一起现浇而形成一个整体。

二是宝业新型结构装配化的双面叠合夹心保温（"三明治"）剪力墙与现浇剪力墙的对比试验。经同济大学抗震实验室研究表明，双面叠合夹心保温（"三明治"）剪力墙的抗震性能完全满足设防烈度为 6～9 度地区建筑的抗震设计要求，其承载能力完全等同于现浇体系。

中国工程院江欢成院士对现有 PC+ 套筒灌浆体系原来始终有一个担忧，即现有套筒灌浆技术的连接是否可靠？这已然成为对现有 PC+ 套筒灌浆体系的行业之问。宝业所采用的双面叠合体系，在连接原理上完全等同于现浇体系，这就从根本上回答了江院士所提出的这一重要行业之问。江院士在调研了宝业科技产业基地及上海活力天地项目后说，他对预制装配式建筑充满信心，好像看到了像造汽车一样造房子。

创新二：宝业新型剪力墙——外墙的"三明治"墙板构造体系，破解了原有 PC 外墙外保温技术体系的外保温粘接使用不能与房屋建筑使用同生命周期的行业难题。

现在全国全面推广绿色节能建筑，其中，既有建筑节能改造普遍采用的是外墙外保温技术体系，但其粘接技术使用寿命理想状态下最多只有30年，质量稍稍控制不好，粘接使用寿命就大大衰减，东北地区由于气候寒冷衰减更甚，有的几年就出现外保温脱落问题，既带来巨大的安全隐患，又造成节能效果丧失，还增加地方政府的负担，也引发一些住户群众的不满。众所周知，普通房屋的使用寿命是50～70年，外保温粘接技术使用周期与房屋使用寿命的时间差就是一个重大行业技术问题，必须要研究透，解决好。

如果能广泛推广使用宝业新型"三明治"墙体系，确保新建建筑保温技术体系的生命周期与整体建筑同生命周期，那么就不用担心这类新建建筑理论上要两次、甚至三次外保温装修问题了，既从根本上解决了建筑节能之需，又消除了广大住户群众的担忧，还解决了今后地方政府外保温改造的负担问题。宝业的集成应用表明，其一次性成本并不高，如果广泛推广应用，可以彻底解决地方政府的后顾之忧。

宝业的新型"三明治"墙技术体系的耐久性，经有关科研机构的加速老化试验，结论为：该保温层的耐久性可以达到房屋的设计寿命。

创新三：宝业新型结构-机电-装饰装修部品部件全装配化体系，强调全装配化系统性解决方案有效降低建造成本提高建筑品质。

该体系实现了结构部品部件＋机电部品部件＋装饰装修部品部件的全装配化。隔墙在工厂里生产，把管线、接线盒预埋在装配式隔墙部件里，现场施工方便、快捷；外围护墙内侧，用绿色材料制成的装配式板，现场拼接，施工方便；机电安装时，由于预留有管线通路，强电、弱电电缆等容易穿线安装、调试，可以大大节约人工成本。从整体上说，安装工程的费用可以降低。

同时因为基本上全面实现了工厂化生产部品部件的应用，整体建筑品质统一并显著提升。

创新四：宝业研发的超低能耗建筑技术体系，并实现整栋楼宇或整套房屋节能减碳综合性能评价技术体系。

一是超低能耗建筑技术体系的应用，从楼宇或房屋的保温－隔热－新风全方位实现节能减碳。

二是整栋楼宇采用高效率电器，在同舒适度前提下，用能减少，达到减碳目标。

三是实现综合能源管理系统应用，既实现智能化调节能源负荷，削峰填谷，又实现当室内人员长时间离开房间时可智能关闭房间空调及照明，还可实现这些技术系统的集成，在源头及管理上节能减碳。宝业自主研发的绿色低碳节能技术体系，应用于建筑节能项目可实现节能 53.9%，应用于超低能耗建筑项目可节能 82.5% 以上。其关键是从根本上解决了现有建筑节能或绿色建筑评价只是设计结果评价，而不是实际建筑节能效果评价的问题。该技术体系则真正意义上从根本解决了这一重大行业问题，并获得中国节能协会科技进步一等奖、华夏建设科学技术奖。该成果被评价为"具有自主知识产权，技术水平达到国际领先，经济、社会效益显著，应用前景广阔。"

创新五：宝业综合应用以上四个方面重大技术体系创新，迭代应用其投资-建造-运营模式创新，成功打造了一批真正意义上的更好、更省、更快的"好房子"实践范本。

"好房子"首要的是品质更好，谁说了算，是广大的购房群众。绍兴大阪绿园项目、绍兴新桥风情项目和上海活力天地项目，在房屋交付后均实现了住户"零投诉"。这在于宝业解决方案的四大创新体系从整体上全面提升了房屋品质；这还在于上海市出台了关于"交付前住户提前预验收"的新政策。两方面迭代是助推实现"零投诉"好品质住宅的重要因素。其实，购房群众评价与行业评价应当说是有一致性的，绍兴新桥风情项目和上海活力天地项目就获得全国"詹天佑住宅小区金奖"。

"好房子"的另一个重要方面是建造成本要更省，宝业解决方案是结构-机电-装饰装修全装配化。如果仅仅是结构装配化，建造成本一般会增加 $200 \sim 300$ 元 $/m^2$，如果是全装配化，特别是机电和装饰装修装配化就可以有效降低成本，做到与传统建造方式比基本持平；如果考虑到上海市政府奖励 3% 容积率的政策（以均价 5 万元 $/m^2$ 的售价简单测算，则可直接为开发商形成每平方米约 1500 元的政策扶持）。这样综合测算下来，上海市装配化建筑的真实成本不增反降，可节省1200元/m^2左右。如果再考虑装配化建造工期大大缩短，以及新型建造方式不断创新，如取消外抹灰施工节省工期约30天等，这些工期节省后的资金成本进一步降低。若再综合宝业新型建造方式所普遍采用的投-建-营一体化模式创新，其建造和运行能耗明显降低，综合成本测算下来又进一步降低。随着国家碳汇交易政策到来，其减碳经济效益将得以量化，成本优势会更进一步凸显。

"好房子"的第三个方面是建造速度要更快，宝业解决方案的结构-机电-装修全装配化，有效减少后期传统湿作业的人工成本和作业时间，直接且有效地缩短了项目的整体建造周期。

建筑产业新质生产力包括新型制造建造方式、新型服务模式和新型业态模式，新型工业化建造方式打造"好房子"的宝业解决方案正是建筑产业努力实现新质生产力的实践和创新，特别是基于以上五方面创新，迭代宝业的投-建-营模式，再加上如上海的住户预验收政策，从而真刀真枪地打造"好房子"实践范本，全面实现全装配化、低成本、高效率、高品质、高舒适度、高耐久性、节能减碳、住户群众高满意度的"好房子"解决方案。（发表于2024年4月12日《中国建筑新闻网》）

4. 装配化＋"三个绝配"

我们说未来已来，实际上是说转型升级与科技跨越双重叠加同步到来，这种双重叠加的变革将在多个方面推动建筑产业向更高效、智能、绿色的方向发展。我们分析判断，突出体现在装配化 +BIM、装配化 +EPC、装配化 + 超低能耗这 "三个绝配" 上。

装配化 +BIM。装配化 +BIM 的结合将推动建筑产业向数字化和智能化方向发展。BIM 作为建筑信息建模技术，可以实现建筑全生命周期的数字化管理和可视化设计，与装配式建筑相结合，可以更好地优化设计、生产和施工流程，提高建筑质量，减少资源浪费和能源消耗。青岛国际会议中心项目采用全钢结构全装配式，结构－机电－装修全装配式仅仅六个月就又好、又省、又快建成了。他们由衷地感慨，没有 BIM 根本无法实现。所有的装配式部品部件，什么时候下订单，什么时候上生产线，什么时候打包运输，什么时候到现场，谁来安装，谁来验收等，全靠 BIM 大数据。

装配化 +EPC。装配化 +EPC 的结合将推动建筑项目整体解决方案的实现。EPC 模式以工程总承包为基础，将工程、采购和施工整合为一个整体，与装配式建筑相结合，可以实现工程项目的高效、一体化管理，降低成本，提高工程质量。真正推动装配式发展，没有 EPC 是难以实现更好、更省、更快的，所以一定要突出 EPC，这方面中建科工创造了很好的装配化 +EPC 的经验，做到 EPC 下的装配化更好、更省、更快。深圳市政府向巴布亚新几内亚援建的巴新小学项目，针对当地现场施工体量大、工期紧、缺乏供材等诸多的客观限制条件，中建科工建议采用装配式建筑，得到双方政府的认可，中建科工采用 EPC+ 全装配化（结构装配化 + 机电装配化 + 装饰装修装配化），总工期仅为 1 年，项目进行顺利并提前竣工，充分彰显了中国建造、中国速度、中国质量，成为"一带一路"又一个创新示范。

装配化 + 超低能耗。装配化 + 超低能耗的结合将推动建筑产业向绿色、低碳方向发展。在"双碳"目标的大背景下，超低能耗被动式建筑以其优越的能耗性能，在我们国家将有广阔的发展空间。装配式建筑这种减少现场施工时间，降低施工现场的碳排放的建造方式，再结合超低能耗被动式建筑的理念，将更好地优化建筑结构，改善建筑保温、采光等性能，进一步降低建筑能耗，实现可持续发展。这种结合若能够得到更多实践和推广，将成为产业新的突破和发展机遇。

下一步，**装配化 +AI 智慧建造**将是一个新的广阔领域，每年 27 万多项新开工项目和约 31 万亿元总产值的产业场景全面实现智慧化（包括工厂智慧化、现场智慧化），这是多么巨大的蓝海，将极大地提升建筑产业的科技水平。正如习近平总书记所指出的，"中国制造、中国创造、中国建造共同发力，继续改变着中国的面貌"。

对策二：建筑产业市场模式变革与 EPC 和 PPP

《国务院办公厅关于促进建筑业持续健康发展的意见》（国办发〔2017〕19 号）是指导建设领域深化改革的纲领性文件，该文件涉及五方面深层次改革：一是全面推行设计施工总承包；二是招标投标制度改革；三是公平公正监管；四是质量监督体制改革；五是全过程咨询模式改革。其中最突出、最重要的是关于市场模式改革，这是一项根本性改革，也是深层次的体制机制改革。

1. EPC 与 PPP

关于 EPC

我们正处于社会主义市场经济阶段，而市场经济必然要遵循市场经济的规律。我们在指导市场经济时，可以借鉴宏观经济学和微观经济学的原理。在宏观经济学中，总供给、总需求理论告诉我们，当总需求大于总供给时，则价格必然上涨；反之，当总需求小于总供给时，则价格必然下降。这一理论的核心是供需关系的平衡，它对市场经济运行起着重要的指导作用。当市场中的需求不断增加，超过了可提供的产品和服务时，企业会通过提高价格来平衡市场，这也推动了经济的增长和发展。相反，如果需求减少，企业为了促销产品可能会降低价格，以保持市场的平衡。

我们必须认识到，市场经济的运行受多方面因素影响，不仅仅是供需关系。诺贝尔经济学奖得主米尔顿·弗里德曼在《自由选择》一书中引入了"花钱矩阵"模型，以进一步理解市场经济的复杂性和多维度影响，这就是所谓的微观经济学原理。

你是花钱者

谁的钱	为谁花	
	你	别人
你　的	I	II
别人的	III	IV

I. 花自己的钱办自己的事，既讲节约，又讲效率；

II. 花自己的钱，办别人的事，只讲节约，不讲效率；

III. 花别人的钱，办自己的事，只讲效率，不讲节约；

IV. 花别人的钱办别人的事，既不讲节约，又不讲效率。

市场经济的运行需要建立适应的制度设计，以保证市场主体能够自主决策、自由选择、自主承担责任，这样才能实现资源的有效配置和提高效率。

制度设计要确保市场主体能够自主决策并为自己的行为负责，即"让市场主体花自己的钱办自己的事"。这种机制激发了市场主体的积极性和创造性，推动了创新、竞争和效率的提高。当市场主体能够根据自身需求、资源和市场信号来自由选择投资方向、生产产品和提供服务时，能够更好地适应市场需求，实现资源的最优分配。相反，如果制度设计导致市场主体不必承担行为后果或不必自主决策，即"让市场主体花别人的钱办别人的事"，这将削弱市场主体的积极性和责任感，导致资源的浪费和效率的降低。因此，制度设计应该避免不合理地干预和过度地管制，以充分发挥市场在资源配置中的作用。

综合而言，确立鼓励市场主体自主决策、自负盈亏的制度设计是推动市场经济高效运行的重要条件。这种制度设计可以提高市场的效率，促进社会资源的合理配置，实现经济的可持续增长。

我们现在就面临这样的悖论，我们建筑产业市场很多还在延续计划经济条件下的市场模式，特别是城市政府的许多公共投资项目。传统模式属于"花别人的钱办别人的事"，勘察、设计、施工、监理单位缺乏优化设计、降低成本、缩短工期的根本动因，其效果必然是客观上既不讲节约，也不讲效率，有悖于市场经济的规律；设计施工总承包模式则是属于"花自己的钱办自己的事"，一旦总承包中标，通过一次性定价，总包单位可单独或与业主共享优化设计、降低成本、缩短工期所带来的效益，使得总包单位有动因既讲节约又讲效率。传统模式的运作机制决定了在设计、施工与建设单位的双边三方博弈中，往往中标前建设方是强者，压级压价、肢解总包、强行分包；建设中设计或施工方是强者，千方百计通过变更和洽商追加投资，因其动因和利益就在于追加投资，最终导致项目突破概算、超期严重，成本难以有效控制。

市场监管中发现，采用传统模式的建设单位的部门利益严重，腐败问题时有发生，容易造成公共资产浪费。此外，由于传统模式中设计、施工单位分立，不能整合为优化设计、降低成本、缩短工期的利益主体，既不利于科技创新、管理创新，也不利于"走出去"战略的实施，严重制约了公共投资项目特别是房屋和市政基础设施项目供给侧结构性改革的推进，必须从转型发展的高度来认识和破解。例如，基于传统模式的公共投资方，如政府决定要建一个新的污水处理厂，往往是先成立一个基建指挥部，由投资方领导担任指挥长，并为项目组建一整套班子，此后即招标设计、招标施工总包方（有些可能还招标若干分包方，包括材料供应商等），这就是在计划经济条件下形成的经典模式。此模式存在的问题是设计方、施工承包方、材料供应方各自为自己利益而博弈，千方百计要让投资方、业主方多花钱，只有多花钱，其才能多赚设计费、总包费、分包费。最后发现基于传统模式的公共投资项目几乎没有不超概算的，没有不超工期的。这就是为什么这种模式必须改革，必须实现"花自己的钱办自己的事"的制度设计。

EPC 模式将整个工程项目的设计、采购和施工由一家企业负责管理和执行。这种模式通过单一责任制简化管理，减少业主的风险并提高项目整体效率。

案例：敦煌文博会主场馆建设的 EPC 实践

2015 年 11 月 15 日国务院决定于 2016 年 9 月 20 日在敦煌举办丝绸之路国际文化博览会，以国际文化交流形式加快推进"一带一路"发展。此时按工期倒排，留给文化博览会主场馆（以下简称文博会主场馆，包括 1 个会议中心、2 个展览馆、1 个大剧院、1 个国际酒店，总建筑面积约 26.8 万 m²) 设计、施工的时间仅剩 8 个多月，必须在 2016 年 7 月 31 日正式竣工。

面对难得的发展契机，应对严峻的时间挑战，甘肃省委省政府与央企中建总公司经过缜密研究，做出重要的战略性合作决定，即请中建总公司全面负责文博会主场馆的全部设计＋施工总承包且全面采用工厂化装配式，省政府负责场馆建设全部软硬件外部保障条件。

仅仅 8 个月时间，具有经典汉唐风格、大气磅礴的敦煌文博会主场馆建筑群就巍峨地屹立在了大漠之边。这不仅创造了中国的建造奇迹，更是创造了世界的建造奇迹。甘肃省的同志自豪地称之为新的"敦煌奇迹"，建筑产业的同志赞叹其为"敦煌模式"。我们认为，这恰恰就是建筑产业转型发展新的内生动力，是公共投资项目建设供给侧结构性重大改革的探索。其成功的经验在哪里？通过调研，我们概括为三方面，即设计施工总承包是公共投资项目建设供给侧改革创新市场模式的必然，工厂化装配式是建筑业转型发展创新建设方式的内涵，甘肃省委省政府与中建总公司做出战略性决定并坚定把握机会是创造新的"敦煌奇迹"的重要前提。

作为文博会主场馆的设计施工总承包方，既不能"超概"，又不能"超期"，中建总公司已然被"逼上梁山"，必须优化设计、缩短工期、节省投资。优化设计，仅用42天即完成方案设计到土建施工图全部图纸；全面采用BIM技术，设计、采购、施工在同一信息平台展示，避免"错漏碰撞"，实现复杂构件的精益制造和高效建造；全面采用"建筑业十大新技术"中的7个大项，22个小项。缩短工期，对比规模体量相近的甘肃大剧院25个月的施工周期，文博会大剧院仅为其1/3；全部场馆主体工程仅用104天；15万 m^2 的广场石材铺设仅用40天。节省投资，对比国内几个大剧院工程，文博会大剧院单位面积（或单个座位）造价均节省10%以上；采用当地13万 m^2 莫高金、8万 m^2 莫玉煌花岗石替代原设计材料，单项节省4000多万元；总工期从3年压缩至8个月，项目管理成本、资金成本大幅度压缩约35%。

综上，敦煌文博会主场馆建设通过设计施工总承包的市场模式创新和工厂化装配式的建设方式创新，结合认识论层面的观念创新，演绎了公共投资项目建设供给侧结构性重大改革的成功实践。

其实我们国家的工业项目早已完成了此项改革，不但要实现"交钥匙"，而且还要实现"达产"。这要归功于 1998 年的国务院机构改革，对几乎所有的工业专业经济部门进行了调整，改为央企。众多的工业专业经济部门是计划经济时代的产物，是落实经济计划的依托。但是在建立社会主义市场经济体制的过程中，这类部门的存在不利于充分发挥市场在资源配置中的基础作用，不利于充分发挥企业的微观经济主体地位。央企则符合在商言商的企业运营模式。例如中石油投资项目一定是EPC，而 EPC 项目一定是全面比较最终能省多少钱、工期能缩短多少？最终实践表明，公共投资项目实现 EPC 普遍可以节省约 15%、缩短工期 10% ~ 30%，由此可产生巨大价值。

目前，公共投资项目普遍存在的一个问题是勘察精度不够。为什么精度不够？业主总包逐级压价，那么勘察方就减少工作量，带来的恶果，就是所有环节取值都不能满足规范要求，就必须取最不利状态，层层加码，最后往往造成本来可以不打桩的地基要打桩，可以少打桩的地基，要多打桩。投资明显加大，工期大幅度延长。

因此，在市场经济条件下，公共投资项目建设一定要符合市场经济规律。

关于 PPP

我们说 EPC 是创造市场价值。在推行 EPC 的同时，PPP 不期而遇。有人认为 PPP 是投融资的，其实我国的投融资办法很早就有了，有 BT（Build Transfer）即建设-移交、BOT（Build-Operate-Transfer）即"建设-运营-移交"、BOOT（Build-Own-Operate-Transfer）即"建设-拥有-运营-移交"等模式，为什么搞一个PPP，很多人百思不得其解。

其实我们建筑产业有一句大白话是点题的，即"不会当乙方就不会当甲方"，PPP就是要让会当乙方的人来当甲方，目标是要比不实行PPP的项目更好、更省、更快。PPP让政府部门和私营部门将各自的资源整合在一起，以共同完成项目或提供服务。这有助于克服政府预算限制或私营部门的技术和管理能力限制，共同设计、建设、融资、运营和维护基础设施项目或提供公共服务。

要把握住PPP和EPC之间的辩证关系，即PPP项目只能通过EPC模式。EPC的关键在于形成真正意义上优化设计、缩短工期、节省投资的甲乙双方理性契约关系。PPP则是更深入的改革，是投资方式改革的深化，必然产生公共投资项目全面提高投资质量和效益的改革效果，不以人的意志为转移。可以断定，真正意义的PPP必然需要EPC，真正实现EPC则必然需要建筑产业综合技术的全面创新和提升。相信，这将会是经济新常态下转型发展的必然要求，也是供给侧改革创新的必然要求。

现阶段，我们观摩，甚至有些拿到PPP项目的央企、国企都全然没有将重点放在这上面，希望这些央企、国企在这一重大改革问题上不要迷茫，一定要打造全新的核心竞争力。这个新的核心竞争力就是一定要证明，其PPP项目就是比不是PPP的项目，比其他央企、国企的PPP项目更好、更省、更快，一定是通过EPC来实现，牢牢紧扣PPP与EPC结合的核心竞争力。两者之间，既有辩证关系，亦有逻辑关系。

下一步如何深化改革？对建筑业企业来说，创新发展的思路越发清晰。大型央企、国企必须及时准确地抓住这次深化改革政策上的有利时机，公共投资项目一定要大力提升EPC的管理能力，所有中标的PPP项目必须尽早主动推进EPC的管理模式，优化设计、缩短工期、节省投资，让PPP项目和EPC项目更好、更省、更快，进而形成央企、国企新的核心竞争力。

央企国企当有所作为

如前述，一些央企、国企拿到PPP项目后，没有进行EPC，没有进行优化设计、节省成本、缩短工期。没有意识到这是一场重大变革，还以为像原来一样，既赚投资回报，还赚项目的钱，设计、施工、分包、材料供应，甚至产品、技术等。这种方式不可持续。

案例：中建科工的 EPC+PPP 的实践

中建科工在推进设计施工总承包发展中，取得了一些创新经验。

例如华大基因中心项目总建筑面积约为 34 万 m^2，是深圳市首个批准的 EPC 模式项目。中建科工同华大基因签署 EPC 工程总承包合同后，对项目设计、采购和施工进行全过程质量控制，在很大程度上消除了质量不稳定因素，充分发挥钢结构装配式建筑更好、更省、更快的特点，不但缩短了工期（15%）、节省了建造成本（5%），还为业主增加使用面积 1800m^2（3%），为业主创造增值效益。

又如厦门自行车高速项目，全长 7.6km，是全国首条、世界最长的空中自行车高速公路。中建科工牵头联合进行 EPC 工程总承包方式，采用全钢结构建造，极大地满足了市民绿色安全出行的需要，得到了厦门市委市政府的充分肯定，成为试点示范。目前很多城市政府对此非常感兴趣，都在积极主动洽商拟请中建科工承担其绿道工程项目，如成都天府绿道项目。

再如深圳市与四川广安市合作共建的深广·渠江云谷项目，中建科工采用 EPC+ 装配式钢结构模式，要求 524 天建成总建筑面积约 27 万 m^2，总投资约 12 亿元的产业园区（共 36 栋单体建筑），其中，主要建筑深广展示馆的主体结构施工周期仅用时一个半月，比原有方案缩短约 80%。

此外，石家庄国际展览中心项目作为财政部第二批 PPP 示范项目，由正定新区与中建科工合作共建，总投资约 45 亿元，总建筑面积近 26 万 m^2，建成后将成为北方地区规模最大、功能最全、设施最优、服务最好的会展中心。

现在，PPP 模式遇到了瓶颈，既有需求侧的原因，更有供给侧的原因。需求侧原因，像东部一些城市财政状况很好，每年投资项目运行良好，大可不必一刀切推行 PPP 模式；而中部绝大多数城市和东西部的部分城市确实需要靠 PPP 模式提前谋划基础设施建设、城市更新改造，虽然城市的周期性财政状况比较好，但还不足以覆盖当年的全部公共投资项目，但是能够承担利息，可以预支未来的钱投资当前城市基础设施建设、提前建设、提前优化、提前惠及民生；而西部一些城市，财政状况本身压力就大，有些甚至是"吃饭财政"，难以支付工程项目的利息，基本上不具备开展 PPP 模式的条件。所以，制度的完善，需要针对三种不同类型的城市。不管哪种城市，作为 PPP 模式的供给侧，都要求 PPP 模式与 EPC 模式深度融合，优化设计、节省投资、缩短工期，做到更好、更省、更快。

国家发展改革委、财政部《关于规范实施政府和社会资本合作新机制的指导意见》（国办函〔2023〕115 号）明确支持创新项目实施方式，鼓励符合条件的国有企业通过特许经营模式规范参与盘活存量资产，形成投资良性循环。所以，央企、国企在推行 EPC 模式和 PPP 模式方面，当有所作为。

2. 传统基建与新基建

国家发展改革委在 2020 年 4 月例行新闻发布会上，

首次明确新型基础设施的范围，认为新型基础设施是以新发展理念为引领，以技术创新为驱动，以信息网络为基础，面向高质量发展需要，提供数字转型、智能升级、融合创新等服务的基础设施体系。

目前来看，新型基础设施主要包括三个方面内容：

一是信息基础设施。主要是指基于新一代信息技术演化生成的基础设施，比如，以 5G、物联网、工业互联网、卫星互联网为代表的通信网络基础设施，以人工智能、云计算、区块链等为代表的新技术基础设施，以数据中心、智能计算中心为代表的算力基础设施等。

二是融合基础设施。主要是指深度应用互联网、大数据、人工智能等技术，支撑传统基础设施转型升级，进而形成的融合基础设施，比如，智能交通基础设施、智慧能源基础设施等。

三是创新基础设施。主要是指支撑科学研究、技术开发、产品研制的具有公益属性的基础设施，比如，重大科技基础设施、科教基础设施、产业技术创新基础设施等。

当然，伴随着技术革命和产业变革，新型基础设施的内涵、外延也不是一成不变的，应持续跟踪研究。一是加强顶层设计。研究出台推动新型基础设施发展的有关指导意见。二是优化政策环境。以提高新型基础设施的长期供给质量和效率为重点，修订完善有利于新兴行业持续健康发展的准入规则。三是抓好项目建设。加快推动 5G 网络部署，促进光纤宽带网络的优化升级，加快全国一体化大数据中心建设。稳步推进传统基础设施的"数字 +""智能 +"升级。同时，超前部署创新基础设施。四是做好统筹协调。强化部门协同，通过试点示范、合规指引等方式，加快产业成熟和设施完善。推进政企协同，激发各类主体的投资积极性，推动技术创新、部署建设和融合应用的互促互进。

新基建与传统基建的关系及三个 Δ 的概念

用辩证思维来分析，拉动经济有三驾马车，消费、出口、投资。在三者关系中，由于贸易战加上新冠后疫情影响，出口订单减少，消费也受到一定程度抑制。那么政府一定会推动加大基建投资规模。

加大基建投资规模：$\sum\Delta = \Delta_1 + \Delta_2 + \Delta_3$
其中，Δ_1 是加大传统基建投资政策出台；Δ_2 是新基建投资的增长效益；Δ_3 是智慧城市倒逼之下新建项目加既有项目的数字化提升改造工程。

先看 Δ_1，与 2008 年相比，相信会更大，但是政策导向一定会更明确。热传导效应一定会带动建筑产业所有供应链条的方方面面，即拉动整个实体经济发展并带动就业。这是 Δ_1 政策制定的核心价值所在，即，一要拉动产业链，拉动实体经济；二要带动就业。

关于 Δ_2，第一，从概念上分析，Δ_2 要比 Δ_1 相对小很多，但仍然会对经济注入强劲活力，信心比黄金更重要，只要加大基建投资，对整个产业来讲，大家就会感觉宽松，就会感觉日子好过。第二，Δ_2 的影响范围其实比 Δ_1 的要相对小很多，但是热传导的影响会有"放大"和"倍增"的效应。第三，Δ_2 一定会造就一批新基建的新独角兽，这是我们要强调的一点。

再说 Δ_3，Δ_1 和 Δ_2 即将落地，Δ_3 尚在孕育中，我们认为，2021 年"十四五"开启之年就是 Δ_3 的元年。Δ_3 虽然从规模上来分析比 Δ_1 和 Δ_2 都要小，但其对建筑产业科技跨越的深远影响远超过其规模所表现的外在形态，其内在的创新性影响不可估量，我们期待着新的"未来"、新的"预期"的独角兽产生。

新基建下的机遇与挑战

黄奇帆指出，新基建是互联网经济创新的重要基础，也是促进传统产业数字化转型的重要举措。据分析，5G 基站（大约有 600 万个）、配套的软件产业、1000 万台大数据中心以及相对应的配套电力和机房等基础设施，以及特高压、城市轨道交通等，不完全统计可能要达到 10 万亿元的规模。

我们认为新基建有三个特点。第一，就基建来分析，其复杂程度并不高，除了轨道交通、特高压等行业和设备外，就基建本身而言，其实都不难，广大的中小微建筑业企业都会做。第二，新基建就布局来分析，具有很强的地域性特点，各地建筑业企业都有施展才华的表现机会。第三，新基建市场经济的特点其实提出了更高要求，可能很多会采用或 +PPP，或 +EPC，或

＋融资，或＋交钥匙甚至＋运维。常有人说建筑产业
到"天花板"了，这次如果加上运维，可能会有很多企
业要转型了，也就是说一些地区的基站的基建部分从建
到管到运维可能都交给你，你是否做得到，当然设备
还在运营商。所以对更好、更省、更快，要真正认识
透彻。

人们常说"互联网＋"的思维，什么是"互联网＋"
的思维，彼得·蒂尔写过一本书《从0到1：开启商业
与未来的秘密》，在这本书里我认为他论述得比较透彻，
解读什么是未来预期，什么是新的独角兽。他举的成功
案例是特斯拉汽车，在他出书这一年特斯拉汽车依然在
亏损，但是特斯拉上市后，其市值居然比美国三大汽车
商的市值加起来都要高，三大汽车商年年盈利但是没有
其一家市值高。为什么？未来预期！他在这本书里还发
现，凡是在美国股票市场上市的企业要当就当老大，凡
是老大的股票价值比老二、老三、老四的股票价值加起
来都要高，所以后来为什么大家都推崇独角兽。你是不
是独角兽，你是不是现在的独角兽，是不是未来的独
角兽？

新基建必然会产生一批新的独角兽。Δ_2 和 Δ_3 会促
进建筑产业产生一批新的未来已来和未来预期型的新独
角兽。Δ_2 是"未来已来"，新基建正在落地。Δ_3 则是"未
来预期"，即将落地，已经是喷薄欲出的太阳了。那么
当什么独角兽呢？或者当一个行业独角兽，或者当一个

地域独角兽，还有细分的独角兽。所以说"未来已来"和"未来预期"，是期待着新的独角兽，行业独角兽、地域独角兽、细分独角兽。

归结以上，就是关注新基建，要以"辩证思维"和"互联网＋思维"来分析和把脉。

对策三：建筑产业的低碳化变革

2020 年 9 月 22 日，习近平主席在第七十五届联合国大会上宣布，中国将提高国家自主贡献力度，二氧化碳排放力争于 2030 年前达到峰值，努力争取 2060 年前实现碳中和。随后，习近平主席又在联合国生物多样性峰会、二十国集团领导人利雅得峰会、2020 年气候雄心峰会、世界经济论坛"达沃斯议程"对话会等国际场合多次重申"3060"双碳目标和坚定决心。中国向世界发出了中国积极引领应对气候变化的决心，彰显了大国担当。

《中共中央关于制定国民经济和社会发展第十四个五年规划和二〇三五年远景目标的建议》明确提出，降低碳排放强度，支持有条件的地方率先达到碳排放峰值，制定 2030 年前碳排放达峰行动方案。

"3060"目标的提出，将加快我国调整优化产业结构、能源结构、倡导绿色低碳的生产生活方式。中央经济工作会议将"做好碳达峰、碳中和工作"列为 2021 年八大重点任务之一，明确要求抓紧制定 2030 年前碳排放达峰行动方案，支持有条件的地方率先达峰。国务院发布了《关于加快建立健全绿色低碳循环发展经济体系的指导意见》。

21 世纪初我国即提出了"三大节能"战略，建筑节能、工业节能、交通节能，其中建筑节能的比重最大，据有关权威研究表明，在三大能耗中，建筑能耗按标准煤统计约占全社会总能耗的 43% 左右，其中建筑运行能耗约占 23% 以上，建造和建材能耗约占 20%，因此做好建筑节能在"三大节能"战略中意义重大。目前我国既有建筑面积存量已非常庞大，2022 年全国新竣工房屋面积 40.55 亿 m^2，当年在建房屋面积 156.45 亿 m^2。由此可见，如果建筑能耗这个碳排放大户不能得到有效控制，并早日实现碳达峰，那么实现"3060"目标就无从谈起。

建设领域面临着能耗上行和碳排放量持续上升的巨大压力，迫切需要找到一条更高能效更高质量的创新路径，为国家全面实现"双碳"目标贡献方案。建筑产业实现"双碳"目标中的深层次问题突出在两方面：一是突出在重视碳达峰与建筑（运行）碳排放增量的关系；二是突出在重视碳中和与建造碳排放减量的关系。

建筑产业从节能建筑到绿色建筑，再到超低能耗建筑方向路径正确，但关键问题需要改革破题。建筑产业需要关注的核心问题是，在碳达峰之后，是否还会冒出大块的碳排放增量。我们说，如果解决得不好，一定会！我国有一个广阔的夏热冬冷地区，在计划经济条件下，国家明文规定淮河—秦岭以南地区不实行集中供暖。但随着经济发展，人民生活水平提高，对生活质量有了新的要求，部分未集中供暖地区由于冬天气温也比较低，人民群众也希望能够冬季集中供暖，最好是冬季集中供暖、夏季供冷以及梅雨季除湿，这就是新希望，新的获得感和幸福感。我国冬冷夏热地区分布非常广泛，从东至西包括上海、江苏、浙江、安徽、江西、福建、河南、湖北、湖南、重庆、贵州、四川，这12个省市全部或大部分地区是夏热冬冷地区，周围还有些省的小部分地区也是。

如何解决夏热冬冷地区人民群众这一新的获得感、幸福感问题？有三种解决方案：一是像"三北"地区一样政府集中建热电厂供暖，但是，一定会带来三大问题，一会冒出一大块碳排放增量，而大大延误碳达峰目标的实现；二会使地方政府不堪重负，集中建热电厂的成本涉及征地、拆迁、投资、运维，且夏热冬冷地区供暖周期远远少于"三北"地区，投资的性价比会大大降低；三会使居住群众不堪重负，"三北"地区百姓购房时所缴纳的基础设施配套费明显高于夏热冬冷地区，主要就是供暖基础设施配套费明显增加。综上，夏热冬冷地区直接照搬"三北"地区的方案不可行。二是自供暖，这解决了地方政府的压力，但是同样会冒出一大块碳排放增量，且居住群众照样会不堪重负，即便政府提供了些许优惠政策，燃气供暖成本依然是这部分家庭开销的大头。三是超低能耗建造，这是唯一可行的办法。

什么是超低能耗建筑？超低能耗建筑是指适应气候特征和自然条件，最大幅度降低建筑供暖供冷需求，最大幅度提高能源设备与系统效率，充分利用可再生能源，以最少的能源消耗提供舒适室内环境，综合节能效率超过82.5%。我国对建筑节能已有强制要求，节能在50%～65%，绿色建筑是65%～72.5%，如果保温做得再好一点，节能能达到82.5%。冬季关好门窗，照明以及居民身体所产生的热源足够保证室内温度，可基本上不用供暖。夏季隔热做得特别好，门窗密闭做得好，可使室内温度不随外部温度上升而上升，再加上新风系统，能保证室内空气的流动。所以，保温＋隔热＋新风三项基本技术，冬季不用供暖，夏季不用制冷，梅雨季还可以除湿。超低能耗建筑从碳需求侧直接降低了总需求，并充分利用可再生能源。所以，发展超低能耗建筑是建筑率先实现碳达峰碳中和的根本之策。随着超低能耗建筑发展的加快，建筑碳排放将呈现以下发展趋势，一是建筑用碳峰值降低，二是峰值时间点提前，三是峰值后的下降幅度增加。现阶段推广量不大的情况下，每平方米仅增加成本约400～500元即可做到，规模化工业化后可能每平方米仅增加成本200～300元即可，如果考虑下一步实行碳交易政策，超低能耗建筑也许还能赚钱。

所以说，超低能耗建筑是解决建筑运行碳排放增量问题切实可行的办法，唯有大力推动超低能耗建筑等规模化发展方可破题，这个问题需要下大功夫、真功夫、狠功夫才能解决。不但夏热冬冷地区可行，而且三北地区照样可行，超低能耗建筑可以大大减少"三北"地区建筑的供热量。如果从 100% 热源减少到仅需 20% 左右热源，那么节省下来的热源就可以在不增加新建热电厂的情况下，满足更多新建小区和建筑的供热需求。为此，中共中央、国务院《关于完整准确全面贯彻新发展理念做好碳达峰碳中和工作的意见》明确指出，要大力发展节能低碳建筑，要持续提高新建建筑节能标准，加快推进超低能耗建筑等规模化发展。

从碳达峰到碳中和一定要有碳交易政策，城市建设的新原则即建造减碳设计原则呼之欲出。现在设计有两大原则，一是安全，一定要做抗震、抗风、消防安全评估；二是经济，业主方一定会在同等情况下选择更便宜的方案。未来将会有第三个设计原则，即碳排放评价原则。如果有了碳排放原则，现在的某些建筑方案就不可能通过，这些建筑为了追求奇特的外观造型，增加了大量的钢材、水泥等材料的消耗，造成了大量的碳排放。因此，方案碳排放减量至关重要，建造减碳从科技到标准，到设计，到建造，一个全新的领域在呼唤建筑产业加快推进。可以预见，今后所有工程项目方案都要比较碳排放，全面比较运行碳排放、建造碳排放。

把握好关于超低能耗建筑与近零能耗建筑、零碳建筑的关系。未来，量大面广的一定是超低能耗建筑，而且是规模化发展。我们大胆地预测，预估未来 90% 的建筑都要实现超低能耗。另外，还有 9% 的公共投资项目，要在超低能耗基础上加光伏等，实现近零能耗。剩下 1%

的个别有条件的项目则是那些有情怀且不差钱的投资业主，他们愿意在超低能耗和近零能耗建筑基础上，再迭代运用包括光伏、地源热泵、水源热泵等一系列技术和产品，以实现零碳建筑甚至负碳建筑。

习近平总书记指出，绿色循环低碳发展，是当今时代科技革命和产业变革的方向，是最有前途的发展领域。我国在这方面的潜力相当大，可以形成很多新的经济增长点。

对策四：建筑产业系统性数字化转型

2020 年 4 月，习近平总书记在浙江考察时指出，"要抓住产业数字化、数字产业化赋予的机遇"。

建筑产业的系统性数字化转型升级，首先是做好产业数字化和数字产业化两篇大文章。在此基础上，还要有从项目级数字化到企业级数字化，再进而到产业级数字化，更进而到城市级数字化的系统性思维，任重道远。

产业数字化和数字产业化两篇大文章的核心是建筑产业如何数字化和在如此大的场景下数字技术如何实现数字产业化。

1. 产业数字化

如前述，我们说产业数字化是当前的必答题。对于建筑企业来说，要想在激烈的市场竞争中立足并持续发展，就必须积极拥抱数字化转型，需要做好四件事：一是项目级 BIM，无 BIM 不项目。二是企业级 ERP，打通层级，打通系统；还要结合企业级数字中台，把过去的大数据重新挖掘整理，予以科技赋能而产生价值。三是城市级 CIM，这是未来城市发展的重要方向。四是产业级 DRP，这是建筑企业和建筑产业数字化转型的重要一环。

项目级——BIM

现在我国的工程建设项目已经几乎"无 BIM 不项目"，但是要深刻认识到 BIM 应用中存在着四个关键问题。

第一是自主引擎，即"卡脖子"问题。现在工程项目应用的 BIM 核心技术引擎基本上都是国外的，包括一些国产 BIM 软件依然用的是国外引擎。中央领导高度重视这个问题，在四位院士和有关专家学者呈报的报告上作出重要批示，政府有关部门正在积极推动同步开展课题研究。我们已经开始破题，解决了自主引擎和自主三维图形平台问题，但是应用量还不够多，我们鼓励所有的重大工程项目都要主动采用自主引擎。据了解，在北京怀柔科学城某重大装置项目上率先应用自主引擎，取得良好效果。

第二是自主平台，即安全问题。现在你 BIM、我 BIM、他 BIM，但是我们用的三维图形平台基本上都是国外的，而且都是云服务，数据库却设在国外。有几家国产软件企业有了自主平台。要鼓励更多项目，特别是重大工程项目应用自主三维图形平台，最起码数据库应当在国内。关于安全问题，目前有三个解决办法：一是使用自主引擎和自主三维图形平台，二是建私有云，三是做物理隔离。

第三是贯通问题。我们强调要全过程共享。就是设计与施工单位要共同建模，今后运维也可以用。

第四是价值问题。为国家、为业主也为自身创造价值，并可支撑即将到来的智慧城市。这是核心要义。我们为何要推广 BIM？不是因为别的，就是因为可以带来价值，应用创新一切都要围绕价值。如何证明有价值，讲案例。天津周大福和广州周大福项目建设，吸取香港周大福项目建设时强制要求设计、施工共同建模并指导运维的经验，节省了大量成本，缩短了很多工期。中建八局的广州周大福项目，在华东院的配合下，共同从设计阶段开始建模，这样 BIM 就从设计到施工、运维全部打通，创造建筑工程项目全过程和全产业链的应用价值。中信大厦项目，在施工阶段应用 BIM，就发现了一万一千多个错漏碰撞问题，提前解决这些错漏碰撞问题相当于给业主和总包方节省了 2 亿元的返工成本，缩短了 6 个月的工期，不仅降低了资金成本的利息，还节省了自身 6 个月的租金成本以及衍生了 6 个月的对外出租收益，价值巨大。

所以今后我们所有重大工程项目，用 BIM 一定要讲价值，要给业主方创造价值，为自己创造价值，还要准备好对接即将到来的"智慧城市"的要求。丁烈云院士指出，推广应用 BIM，不但要重视技术，更要重视价值。

企业级——ERP 和数字中台

ERP 在建筑业企业的应用将能创造极大的效益，特别是在解决项目管理中的痛点和风险点管理问题方面。

近年来，越来越多的建筑业企业认识到了ERP在企业管理中的价值，并加以实践，通过ERP系统打通企业内部的项目管理、财务管理和税务管理等系统，实现业-财-税一体化。而建筑业企业通过ERP能够实现全流程、全要素的管理，使得企业的经营和项目管理更加科学、高效。同时，ERP还能促使企业加强内外部信息的共享与沟通，实现了数据的集中管理和共享，对项目进度、成本控制、资源调配等方面的优化提供了强有力的支持，提高了企业内部的协同能力，有利于企业整体的协同发展。

但在企业级ERP的应用不仅仅是技术层面的应用，更需要注意结合企业的实际情况进行定制和优化，才能实现最大化的效益。在实际的推广应用中，目前看真正能够实现打通的企业尚属少数。

最近，上海建工的ERP建设做到了真正的全线打通，不但打通了从集团公司、番号公司、区域公司到项目的层级打通，还打通了管理、财务、税务三个系统，实现了真正意义的数据共享。ERP的应用将引发建筑产业管理模式的革命，建造项目管理中的所有痛点和风险点都会通过ERP来解决，实现更高效、透明、科学的项目运营。

党的二十大报告指出，集聚力量进行原创性、引领性科技攻关，坚决打赢关键核心技术攻坚战。关于ERP也要关注自主引擎问题和自主平台问题。据了解，在ERP

自主引擎和自主平台方面，我国已悄然后来居上了，我们的科技型企业正在攻克自主引擎和自主平台技术，这是令人鼓舞的发展趋势。自主引擎和自主平台的推进将为企业信息化建设带来更多的选择和发展空间，也将推动中国企业在数字化转型发展上更加独立，具有自主创新能力。

数字中台是指基于数字化技术和数据驱动的平台化建设，旨在整合和共享组织内外的数字化资源、数据、能力和服务，实现资源高效配置、创新协同和业务价值最大化的中心化平台。其核心是建立统一的数字化基础设施和共享服务平台，目标是打破传统组织中数据孤岛和业务垂直化的格局，通过统一数字化基础设施和共享服务，实现数据、业务、组织间的横向整合和协同，提高组织的敏捷性、创新能力和市场竞争力。

考虑到工程建设项目涉及规划-设计-施工-运维等多个阶段的多个团队，产生大量的结构复杂的数据且周期较长，建筑企业要注意数据中台的建设，目标要符合其战略目标，不要为了建数字中台而建数字中台，而要以促进各企业内部部门之间的协同创新和数据共享为目标。因此，数字中台建设前提是要对现有业务流程的痛点和问题进行深入分析，要符合业务需求。其次是要有友好的用户体验，如果数字中台的建立给企业员工带来过重的使用负担，那数字中台将很难真正融入企业的业务，更无法提升业务效率。再者是要有符合企业需求的技术架构，除了平台的可扩展性、互动性、灵活性，还要考虑数据接口的多样性即生态建设，以便与合作伙伴或供应商的其他系统对接。最后也是最重要的，是要充分考虑数据的安全性问题，数据安全是所有数据应用的前提，只有确保数据的安全，数字中台应用产生的价值才有意义。

对于建筑业企业来说，企业级数字中台重点在于通过集成数据和资源管理，实现数据共享和协同，从而提高生产效率和质量，优化项目管理和监控，并通过数据分析和智慧决策等功能，为企业领导提供数据驱动的决策辅助，达到降低决策风险、提高决策速度和精准度的效果。如某央企聚焦于某一规模的高铁站项目，5 年前即开始承担该规模的高铁站项目建设，但那时这类项目既无 EPC，也无 BIM，只是施工总包项目，投标多少钱，中标多少钱，结算多少钱，有大数据。3 年前其仍承担该规模高铁站项目建设，此时已全面推行 EPC，但无 BIM，是设计–施工总承包项目，投标多少钱，中标多少钱，结算多少钱，有大数据。1 年前其已是该类规模高铁站项目 EPC 的领军者之一，又能全面实现 BIM，EPC 创造巨大价值，优化设计、节省成本、缩短工期；BIM 应用提前发现大量的错漏碰撞，节省大量的返工成本，缩短了工期，两项价值叠加，形成了新的更强核心竞争力。今后所有这类项目其竞争力不可估量，通过数字中台，科技赋能，打造了该央企的新的更强核心能力。

城市级——CIM

建筑产业是城市建设的供给侧，正在全力实现产业数字化和数字产业化。城市建设要在此基础上特别突出于以 CIM 建设为核心的数字化转型升级，未来已来，前景广阔。

城市建设是数字产业化的最大场景，在建筑产业数字化转型升级基础上，就是要突出抓住以 CIM 建设为核心的城市建设数字化转型升级，即城市级要以 CIM 为核心推进城市建设数字化转型升级，是 CIM+，+供应链、+数字孪生、+AI、+区块链、+元宇宙并+"双碳"。其中，数字孪生技术可以实现城市建设的虚拟仿真和模拟，为城市规划和管理提供更加精准的决策支持；AI 技术可以应用于城市建设的智能监控和预警，提高城市治理的效率和安全性；区块链技术可以确保城市建设数据的真实性和可信度，为城市治理提供可靠的数据支持；元宇宙技术可以为城市建设提供更加丰富的数字化场景和体验，推动城市数字化转型的深入发展。

城市级、省级或更广阔区域级 CIM，实现+供应链"公共平台"是应当充分重视的发展方向。必须指出，建筑产业供应链"公共平台"的解决方案尚未破题。

城市级 CIM 建设是城市建设数字化和数字产业化的重要方向之一，更是建筑业企业拓展业务、提升竞争力的重要机遇。建筑业企业通过加强技术研发和应用推广，不断完善数字化生态系统，与城市政府共同推动城市数字化和智慧化建设，将为城市的可持续发展注入新的动力。

城市建设中，我们既要把握好绿色化深刻变革中的关键问题，还要把握好"双碳"目标中的深层次问题。如前文所述，绿色化深刻变革中的关键问题是装配化＋，其核心聚焦在建造碳排放减量方面。对于建筑产业实现"双碳"目标中的深层次问题不仅突出在重视碳中和与建造碳排放减量的关系，还要突出在重视碳达峰与建筑（运行）碳排放增量的关系。那么在有效控制建筑运行碳排放增量方面，CIM+"双碳"的作用怎样尤为关键。CIM+"双碳"技术能全面监测城市建筑运行中的碳排放情况，通过数据分析确定区域减排重点，为城市政府的碳排放决策提供有效的数据支撑和技术解决方案。

产业级——DRP

在数字化浪潮的推动下，建筑产业正站在一个前所未有的变革节点上，面临着双重的机遇与挑战。为了巩固在激烈市场竞争中的地位，并实现可持续的成长，对于建筑业企业而言，积极推进数字化转型不仅是趋势所向，更是迫切需要。在这一转型过程中，产业级数据资源规划（DRP，Data Resource Planning）扮演着至关重要的角色。

在 2019 年党的十九届四中全会上就首次提出，数据是和劳动、资本、技术、土地等要素并列的生产要素。2020 年 3 月，中共中央、国务院《关于构建更加完善的要素市场化配置体制机制的意见》，将数据正式纳入生产要素范畴。2023 年 8 月，财政部制定印发《企业数据资源相关会计处理暂行规定》（财会〔2023〕11 号，简称《暂行规定》），自 2024 年 1 月 1 日起施行。《暂行规定》的出台标志着数据对于企业来说将成为可"入表"的资源，对于数据要素市场的发展具有重要意义。对于企业来说，如何实现企业数据资源"有效入表"至关重要，特别是正面临产业深刻变革的建筑业企业，这将是企业踏上第二增长曲线的机遇。

DRP 的精髓在于对企业数据资源进行全面、系统化及高效地规划与管理。通过实施 DRP，建筑企业得以建立一个集中、高效的数据管理平台。该平台能够整合来自企业内外的多元数据资源，如项目信息、市场动态、供应链数据等，形成一个全方位、精准、实时更新的数据资源库。借助集中化的数据管理与分析，企业能更准确地洞察市场趋势，优化资源配置，提升决策效率，进而推动业务模式创新和竞争力增强。

此外，产业级 DRP 还能促进建筑业企业与产业链上下游伙伴之间的数据互联互通，通过数据共享与交换，加强协同合作，实现供应链管理的协同优化。这不仅有助于降低运营成本，提升生产效率，还能推动整个建筑产业的数字化转型与升级。

在推进产业级 DRP 建设中，建筑业企业需注意几个关键点：明确数据资源管理的战略定位，将数据资源管理提升至企业战略层面，明确其在企业发展中的核心作用；建立完善的数据治理体系，构建一套全面的数据治理框架，覆盖数据标准、数据质量、数据安全等多个维度，确保数据资源的合规性与可靠性；强化数据人才队伍建设，为数字化转型提供人才支持，加大数据人才培养与吸引力度，提升团队的数字化能力与数据分析技能；持续创新数据应用场景，不断探索与创新数据应用的场景与模式，将数据资源转化为企业竞争优势，驱动企业持续发展与创新。

总而言之，产业级 DRP 作为整个建筑产业数字化转型的关键环节，对于增强企业竞争力、推动产业可持续发展具有不可估量的价值。面对数字化时代的机遇与挑战，建筑业企业当积极拥抱数字化转型，深化产业级 DRP 的建设与应用，为企业注入可持续发展的新动能。

2. 数字产业化

关于数字产业化，我们认为是建筑业企业数字化转型发展的"抢答题"，突出的就是抓好在 BIM 基础上的 5 个 + 问题。而建筑业企业可能拉开竞争距离的地方，则是看谁能做好"抢答题"，抓住未来已来与未来预期。

+CIM

一定要把握好 CIM 与 BIM 的关系，没有 BIM，就没有 CIM。但 BIM 不等于 CIM，BIM 是基础，是重要方面，但不是全部。因此，现在各城市就要明确未来已来一定要有 CIM，要 CIM 指导 BIM，BIM 要适应 CIM。

CIM 作为更广阔、更综合的城市级信息模型，涵盖了 BIM 所不能涵盖的城市规划、交通、环境、基础设施等多个方面的信息。它是一个更高层次的模型，整合了各种空间数据和非空间数据，为城市的发展、规划、建设、运维提供了更全面、更系统的信息支持。而 BIM 作为 CIM 的重要基础，主要聚焦于工程项目设计、建造、运维等方面的信息建模和管理。BIM 作为 CIM 的一部分，必须与 CIM 紧密结合，服务于 CIM 的目标和需求。城市 CIM 要指导所有规划建设项目（还要延伸到既有项目）BIM，BIM 要适应 CIM；城市 CIM 要应用自主可控底座；CIM 自主可控底座要能够承载城市管理运行的所有监管和服务系统；城市 CIM 正在从园区级向区级进而城市级发展。CIM 和 BIM 的紧密结合是城市建设信息化发展的必然趋势。

此外，BIM 和 CIM 之间的紧密结合，迫切需要数字孪生技术的支持，尤其是基于北斗的毫米级数字孪生技术，才能够实现高精度的地理信息模拟和时空数据的实时更新，为城市规划、运营决策提供准确的参考和数据支持。

+ 供应链

第二是 + 供应链。发展建筑产业的供应链平台经济确实有着巨大潜力，对于解决目前面临的采购融资成本高，中小微企业难以获得普惠金融，供应商难以回收供货资金等诸多问题至关重要。通过建设供应链平台，可以实现建筑产业资源的优化配置。这包括对原材料、人力资源、设备等方面的精准调配，从而降低了采购成本，提高了资源的利用效率。同时，供应链平台能够加强各参与方之间的协作与沟通，将传统的点对点沟通交易，升级为点对面的高效沟通，进一步提高采购效率，缩短交易周期，为建筑产业带来更多商业机会。特别是对于中小微企业，供应链平台能够提供更多发展的机会。通过平台，中小微企业可以更容易地接触到项目机会，获得相应的资金支持和业务合作，实现规模化经营和业务拓展。

2022 年我国建筑产业总产值达到了 31 万亿元，其中有一半多是可以通过供应链公共平台实现集中采购的，这意味着潜在的巨大价值。通过供应链公共平台，一是可以解决广大的需求侧中小微建筑业企业采购和融资成本过高，并可享受到普惠金融问题；二是可以解决广大的供给侧中小微供应商难以收回供货资金的风险问题。同时，还可以为双方企业提供更高效、更精准的采购渠道，实现供应链的更大价值。

然而，现阶段建筑产业仍未出现真正意义上的公共平台。大型央企国企通常有自己的供应链平台，我们称之为自有平台，规模很大，但是如何能够转化为公共平台是严峻挑战。现在产业中已经涌现出了公共集采平台的雏形，达到千亿级规模，有数百家特、一级企业上线。

这类平台为需求侧企业可以提供免费上线、享受普惠金融等优势业务，刚刚开始走量，可节省采购成本，为建筑产业带来了积极影响。未来已来，建筑产业有望发展出若干万亿级的公共供应链平台或者从中小供应链公共平台"雏形"中产生，或者从大型央国企自有平台中产生，将进一步为建筑产业降低采购成本，提高效率，发挥重要作用，据分析其节省空间可能达到5%~8%，甚至更多，潜力巨大。这将推动整个建筑产业进入一个新的发展阶段，为产业链的健康发展奠定坚实基础，确实是一场革命性的变革。

＋数字孪生

第三是＋数字孪生。结合智慧城市的发展可以为建筑产业创造更大的空间，充满机遇。数字孪生技术通过虚拟建模将实际工程数据实现高度精准的数字化呈现，为项目设计、建设、运营等阶段提供了数据支持和智能决策。

我国每年有约27万项新开工项目，此外还有500万~700万项已竣工使用的既有项目，亟待实现数字化，迫切要求实现BIM大数据。如何实现数字孪生？将图纸转化为BIM大数据再进行数字孪生，实现了从静态的二维图纸到动态的三维模型的转变。这使得在项目设计和规划阶段能够更精准、更高效地进行模拟、分析和优化，有助于新建项目提前发现和解决设计和施工中大量的错漏碰撞问题，大大降低返工成本，缩短工期。但是，真正意义上的数字孪生通过北斗技术结合无人机技术和精密测量技术，将实际工程与数字模型进行更新和对比，实现毫米级的真实数字孪生，使实际工程始终保持与数字模型的高度一致。

数字孪生的应用可以贯穿项目从设计、施工再到运维的全生命周期，实现工程建设项目的全生命周期的智慧化管理，为建筑产业的可持续发展提供了强有力的支持。数字孪生技术的发展对于建筑产业的数字化、智能化起到了重要推动作用。

+AI

第四是 +AI 智慧建造。如前所述，正在逐步崛起并开始应用于实际工程项目中。在数字产业化中，+AI 即建筑产业的智慧化发展将会是一片更广阔的蓝海，但是必须审慎把握其发展逻辑。

第一个逻辑是关于智慧建造的应用基础问题，把握好来龙。从绿色化与数字化发展趋势分析，应把握好装配化 +，即装配化 +EPC、+BIM、+ 超低能耗、+AI。其本质是在市场模式深刻变革下的绿色化 + 数字化。

第二个逻辑是智慧建造的更高目标问题，把握好去脉。一定是装配化 +AI，包括结构-机电-装饰装修的全装配化 + 工厂智慧制造、+ 现场智慧建造。装配化 +AI，一定是在 BIM 基础上，与 CIM、数字孪生、供应链平台、区块链技术深度融合，真正实现中国制造、中国创造、中国建造的"三造"合一。由此，现阶段的

"BIM+智慧工地"仅仅是建筑产业智慧建造的初级阶段，向何处发展是一个重大逻辑问题，是向传统建造+AI还是向装配化+AI发展。

第三个逻辑是智慧建造要把握好的关键问题，创造价值，为业主创造价值，为自身创造价值，并支撑未来已来的智慧城市CIM建设。创造价值思考，一是装配化的工业化思维一定会创造价值；二是与市场模式深刻变革的关系，与"双碳"目标的关系、与数字化系统应用的关系、与未来预期思维的关系等全面创造价值。

+区块链

第五是+区块链。经过多年的发展，区块链技术已经趋于成熟。区块链技术的应用为建筑产业带来了新的机遇和可能性，尤其是在诚信体系建设、数字货币应用和数据安全方面。然而，技术虽重要，但对于区块链技术在建筑产业的应用和推广来说，技术的成熟度并非唯一的关键因素，其实政策和制度才是重中之重。在这方面，国家决定将深圳、苏州、雄安新区、成都等城市和地区作为区块链应用的先行示范区域，以引领整个产业的发展方向。

对建筑产业来说，区块链应用会带来什么？首先，区块链的去中心化特性使得工程建设项目的合同管理更加透明和可靠，这为建筑产业的诚信体系建设奠定了重要基础。其次，区块链技术的公开、透明、不易被篡改等特点能够确保链上数据的真实、可靠。建筑产业涉及众多参与者，包括业主方、设计方、总包方、分包方、材料供应商、监理方等，确保数据的透明性、真实性和安全性对于构建公平、诚信的生态系统至关重要，为工程建设项目跨部门协作的数据共享提供了互信机制。此外，区块链上的应用智能合约可以自动执行合同条款，为建筑产业的支付管理提供便利，实现自动化的阶段性支付，结合 DCEP（数字货币，Digital Currency Electronic Payment）的应用，可实现供应商、分包商和其他相关方能及时收到款项，对于建筑产业的资金流管理和交易过程会带来显著的改进。

综上，可以说区块链技术在建筑产业的推广和应用，将会是一场诚信体系的革命。建筑业企业应紧密关注政策方向，积极拥抱区块链技术，以实现更高效、透明、诚信的发展目标。

＋元宇宙

元宇宙在建筑产业亦有巨大的应用场景。如前述，我们国家每年新开工 27 万多项工程，每个项目都涉及业主方需要与设计方深度且反复讨论设计方案，使用元宇宙可以大大降低双方之间的沟通成本，提高沟通效率。同样，每个项目设计方都需要与总包方进行设计交底，以及总包方与众多分包方、材料供应商进行交底与沟通。这是多么巨大的应用场景。

元宇宙大规模应用的前提是轻量化、简单化和 3D 化。目前昂贵且笨重的 VR 设备，对于大规模推广是不实用的，既昂贵且笨重，现有设备显然不便于元宇宙和现实之间的交互沟通，未来的发展方向一定是更加轻便。在新的元宇宙沉浸式沟通时，其实只要能发现问题，能对方案进行随时更改、及时更新即达目的。

我们所需要的是元宇宙 +BIM 的，是施工过程的元宇宙。例如，巡检员点击某处机构可查看混凝土强度等级、施工时间、验收人等信息。所以，元宇宙技术在建筑产业的应用中有着巨大的发展空间。

美国著名国际政治学者约瑟夫·奈，以"真正的赢家是那些会讲故事的政府和组织"最早提出"软实力"（Soft Power）概念而闻名。他曾讲过，在信息时代真正的赢家是那些会讲故事的政府和组织，美国政府和企业在这方面一直做得很好。这就是后来被人们津津乐道的所谓会不会"讲故事"。阿里巴巴创始人马云在德国汉诺威消费电子、信息及通信博览会（CeBIT）开幕式上说，"改变世界的不是科技，而是科技后面的梦想"。阿里巴巴作为平台公司的核心技术在美国已实现了"0 到1"，但在美国的场景下，一直没有突破，远远没有实现"1 到 N"。但在中国，阿里巴巴成为现象级的消费互联网平台公司，这个"1 到 N"是基于中国数亿互联网消费群体构建的巨大应用场景而实现的。

一言以概括，就是说场景更为重要。建筑产业是数字化的最大场景，尤其是数字产业化，技术固然重要，但场景更为重要，然后再加上资本才能真正实现数字产业化。产业数字化是建筑业企业的"必答题"，而数字产业化要靠科技型企业，是建筑业企业的"抢答题"。

3. 智能建造

2020 年 7 月，为推进建筑工业化、数字化、智能化升级，加快建造方式转变，推动建筑产业高质量发展，住房和城乡建设部、国家发展改革委、科技部等 13 部门联合印发了《关于推动智能建造与建筑工业化协同发展的指导意见》，指出要加快推动新一代信息技术与建筑工业化技术协同发展，在建造全过程加大建筑信息模型（BIM）、互联网、物联网、大数据、云计算、移动通信、人工智能、区块链等新技术的集成与创新应用。2022 年初，住房和城乡建设部印发《"十四五"建筑业发展规划》提出，到 2035 年迈入智能建造世界强国行列的远景目标，并将"加快智能建造与新型建筑工业化协同发展"放在主要任务的首位。同年 10 月，住房和城乡建设部公布智能建造试点城市名单，涵盖北京、天津、重庆等 24 个城市，要求试点城市及时总结工作经验，形成可感知、可量化、可评价的试点成果。

建筑产业要特别关注智能建造的三个逻辑问题：

第一，关于智能建造的应用基础。从绿色化与数字化发展趋势分析，应把握好"装配化 +"，其本质是在市场模式深刻变革下的绿色化 + 数字化。建筑产业正逐步向绿色、低碳、节能的方向发展。在智能建造中融入绿色化的理念，采用环保材料、高效利用能源等技术，以实现建筑的绿色化和生态友好。其次，智能建造是以BIM、大数据、人工智能、3D 打印等技术为基础，这与建筑产业数字化发展方向完全契合。最后，综合考虑绿色化和数字化发展趋势，我们可以理解"装配化 +"的重要性。装配化强调建筑工业化、标准化、模块化的特点，将建筑过程工厂化，从而提高施工效率、质量和安全水平。在装配化项目中应用智能建造技术，通过数字化管理，能够更好地优化资源配置、提升建造效率和质量、保障施工安全。

第二，关于智能建造的更高目标。一定是装配化 +AI，包括结构、机电、装饰装修的全装配化，工程制造 AI、现场建造 AI，一定是在 BIM 基础上，与 CIM、数字孪生、供应链、区块链、元宇宙技术等深度融合。现阶段"BIM+ 智慧工地"的普及只是当下建筑产业数字化转型的一个重要阶段，远非终极目标，向传统建造 +AI 还是向装配化 +AI 方向发展，应深刻把握。

第三，关于推动智能建造的关键。为业主方创造价值，为企业自身创造价值，还可支撑下一步智慧城市 CIM 建设才是智能建造的关键。同时，要有系统思维，关注与市场模式深刻变革、与"双碳"目标、与绿色化特别是"装配化 +"、与创新思维的关系。

总之，建筑产业智能建造的发展逻辑问题至关重要，其中应用基础、更高目标、推动的关键这三个逻辑问题必须要从战略层面研究透、解决好。

对策五：建筑产业新动能转换与业态变革

当前，建筑产业正面临着前所未有的机遇和挑战。尤为显著的是受上游房地产业下行压力的影响，建筑产业不得不经受一场深刻的新动能转换和业态变革。房地产业经历了过去二十年的迅猛发展后，部分地区出现了供给过剩的现象，再叠加上政策调控、人口增长放缓以及房企自身经营等因素，呈现了较为明显的下行态势。

在此背景下，建筑产业面临的主要挑战包括订单减少和市场竞争加剧。传统以规模和速度为导向的发展模式在当前市场环境下显得力不从心，迫使企业不得不寻求新的业务增长形态和发展模式。对产业而言，则迫切需要抓住，更确切地说是不得不抓住新动能转换和业态变革。为此，我们将深入探讨如何实现新动能和业态变革，应对挑战，促进建筑产业的深层次转型升级。新动能包括房地产行业的危与机、城市更新、PPP、EPC 等新的核心竞争力，还包括投–建–营一体化和双循环，以及装配化＋、"双碳"和数字化转型，及"1+1+N"模式等业态变革。

房地产业下行压力对建筑产业的影响深刻。近年，房地产业以及相关建筑产业下行压力的严峻程度超乎想象。2019 年全国房地产新开工约 22.7 亿 m^2，此后三年新开工面积萎缩了 47%，其中 2022 年最严重，同比萎缩了约 39.5%。从 2018 年开始，房地产企业拿地面积四年间下降了约 66%，从 2.9 亿 m² 下降到了 1 亿 m²，2022 年更是同比下降了 53.4%。这些直接影响到当下的房地产市场，进而又影响到建筑产业。

房地产业下行剧烈是不争的事实，几近硬着陆。以上的数据已经充分表明了这一点。

房地产业的重要性不言而喻。改革开放后，特别是 2000 年以后，我们国家经济腾飞，作者认为主要是靠两大引擎，其中一个就是房地产业，一下子打开了一个巨大的天量市场，住房成为最大的消费品，如果说一部汽车差不多可以等于十几台甚至二十几台家电，那么一套住房差不多可以等于十几部甚至二十几部汽车，而且是全产业链，影响范围特别广泛。关键是它还具有两重性，一方面带动了巨大市场，另一方面又为地方政府贡献了税收和土地财政。刘鹤同志曾概括房地产业贡献为"4、5、6"，其中地方财政的 50% 与房地产有关，即房地产业相关税收加土地财政，地方政府通过土地财政又可以投资城市重要的公共基础设施建设，进一步拉动经济。

与此同时，房地产业的问题又是长期存在的，从 1998 年开始，政府明确要求抓好房地产业监管和做好房改。但那时更多的是认为房地产业为高风险行业，因此给其很多的鼓励政策，如预售政策等；而地方财政为地方税收，又要求所有项目以法人公司名义在本地注册，这实际上是把房地产项目和母公司之间的风险隔离了。对比建筑产业，同一个资质下，无论哪个项目出事，集团公司都会受到牵连。在此背景下，一些房地产企业被惯坏了，养成了"巨婴"，有些还捅了天大的篓子，而其管理团队却赚得盆满钵满。

房地产业的确应该整治，国家也一直想整治，也出台了一系列举措，但是在严峻的经济下行压力下，起码目前还找不到一个新的同等规模的引擎来替代它。促进中国经济腾飞的两大引擎，毋庸置疑的，一是房地产业贡献，二是入世后出口贸易的快速增长。现在美国打压我们，其实就是抓住我们的经济引擎频繁出招、极限施压，也的确造成了一定影响。目前，房地产业是加强监管和放松监管政策交互作用。

国际货币基金组织总裁格奥尔基耶娃强烈建议中国转变经济增长模式，不再依赖债务驱动的基础设施投资和房地产业。如果中国没有投资拉动、没有房地产业，未来经济发展的引擎来自哪里？是我们要面对的重要课题，需要经济学家们研究破题。格奥尔基耶娃的第二个观点倒是有些道理，她认为中国政府应该投资还没交楼的房地产项目，而不是救陷入困境的房企。

目前，国家有关部门包括发改、审计、财政、金融等正在研究借助 DRP 数字技术工具，准确掌握公共投资项目资金的来龙去脉、是非曲直，我们要特别关注。另外，房地产业的资金虽交由商业银行监管，但往往难以监管到位，不断有突破资金监管的情况发生，开发商收了购房款，却没钱后期开发。为了解决这些问题，现在也在探索通过 DRP 数字技术工具实现政府有效监管，商业银行管控资金流向，住建部门监管项目保交楼。

所以，没有房地产业不行，而确有一些房地产企业给国家添了乱。对国民经济最好的则是稳健，从目前来看，作者认为，随着中央财政政策的不断出台，市场最困难的时刻正在缓缓过去。但是旧常态已然不再，房地产业的监管肯定不能再像原来那样了。

在如此严峻的下行压力下，民营建筑业企业若能做到跟央企国企比肩的确很不容易。其实央企国企也有难念的经，他们拿到很多政府投资项目，资金到位 80% 已经属于很好了，20% 的应收款也会引发他们很大的不安，如分包商、材料供应商的经济纠纷等，央企国企的法人代表一样会有成为被执行人的风险，日子也会难过。

作者认为，旧引擎还不能完全摒弃不用，否则整个国民经济都会受到影响，同时还会影响地方经济建设方方面面。所以房地产业依然是拉动经济的重要引擎，如何监管到位，改革、创新、完善是必然的。对于房地产业我们既要鼓励发展又要改变发展方式。

建筑业的头部企业，特别是民营企业，正在砥砺奋进，挺得住、活下去、不断改革创新是最好的办法。要采用"1+1"的方式，第一个"1"是稳健，第二个"1"

就是创新，传统产业要一如既往的稳健，新领域要抓住创新的风口期。创新在技术上已经实现了从"0到1"的突破，主要看能不能从"1到N"。

作者认为有四个方面的创新。**一是市场模式创新。**建筑业企业应尽可能打造内涵式EPC能力，就是尽管不是EPC项目，也能主动通过优化设计帮助客户缩短工期、节省投资，形成长期战略合作，每一次都能又好、又省、又快，造价低、工期有保证不拖延、没有法律纠纷等。现在应该着重加强两点，一则研究新市场，即央企国企的PPP、EPC项目的新领域。虽然目前PPP暂停，但是从制度设计上来说，PPP是一个很好的模式，比很多非PPP模式更好、更省、更快，但是很多央企国企证明不了这一点，迫切需要有能力的企业来帮助他们实践证明。像中铁、中交、电建等非传统建筑央企，在这些领域里能不能迭加进去，用内涵式EPC保证项目更好、更省、更快，形成PPP、EPC领域新的战略合作伙伴关系。二则关注运维，如北京城建服务性收益已近60%，部分在此方面有基础的企业可以考虑向运维转变。**二是"一带一路"新通道，**这是作者的初步的想法，目前"一带一路"只有国家基金一个通道，跟着国家基金走出去的往往是一些大央企、大国企。我国香港有特殊优势，特别是一些国际主权基金的优势，可以通过香港开辟一个新通道。**三是绿色化转型创新，**如装配化＋，低碳化转型创新，超低能耗建筑（对夏热冬冷地区包括长三角特别重要）。**四是数字化转型升级**，系统性数字化，即项目级、企业级、产业级、城市级全面系统的数字化转型升级，要从 BIM 到 CIM，还要 BIM 和 CIM+，＋供应链，＋数字孪生，＋AI，＋区块链，＋元宇宙，并＋"双碳"等。

1. 城市更新

城市更新作为建筑产业新动能的一个重要方面，不仅仅是对旧有城市空间的物理重建，它更深层次地涉及经济、社会和文化层面的综合更新。在当前房地产市场供需关系失衡的背景下，城市更新成为缓解城市发展压力、提升居住环境品质的关键途径。这一过程不仅涉及旧建筑的改造或替换，更重要的是如何在保留城市文化遗产的同时，引入现代化的城市规划理念和建筑技术，实现城市功能的优化和居民生活品质的提升。

我们可以从国内外成功的城市更新案例中汲取经验。例如，一些城市通过城市更新项目，旧工业区被转变为综合功能的生活区域，既保留了城市的历史风貌，又引入了现代的生活设施和绿色建筑理念。国内一些城市则通过更新老旧小区，改善了居民的居住条件，同时增强了社区的公共服务功能。这些案例共同展示了城市更新在改善居民生活品质、提升城市竞争力方面的重要作用。

城市更新的成功关键在于政策支持、资金投入和技术创新的有效结合。政府需要出台具有前瞻性的城市更新政策，引导资金流向和技术应用，确保城市更新项目既符合市场需求，又能实现经济、社会和环境的可持续发展。同时，通过引入多元化的投资主体，如私营企业和社会资本，可以增加城市更新项目的活力和创新性。此外，现代化的城市规划理念和建筑技术在城市更新过程中也发挥着不可或缺的作用，例如在老旧住宅的翻新中，使用超低能耗技术和绿色建材等，提高房屋的保温隔热能力，更进一步提高居民的舒适性居住感受。

城市更新不仅是建筑产业面对新动能时的一个应对策略，更是推动城市可持续发展的重要手段。它要求我们不仅关注建筑物本身，更要关注建筑所在的社区和城市环境，实现经济、社会和环境效益的多重平衡。

城市更新的价值远远超出了建筑和物理空间的重塑。它通过经济、社会和环境效益的多重平衡，推动了城市的全面发展和进步。经济层面，为建筑产业发展注入新活力，创造就业机会，推动技术革新，促进资本注入，从而推动经济的稳定增长；社会层面，城市更新能够改善居民的居住条件，完善公共服务设施，提升社区治理水平，提高城市的整体文明程度；环境方面，城市更新优化土地利用、改善老旧建筑和优化空间区域，降低建筑运行碳排放量，提升城市绿化环境，提升城市的宜居环境。

综上，城市更新带来的价值是多方面的，其将城市的过去、现在和未来紧密地结合在一起，我们应该高度重视城市更新工作，积极探索和实践有效的更新模式和方法。

2. 投-建-营一体化

投-建-营一体化是将投资、建设和运营三个关键阶段融为一体，不仅优化了项目管理流程，还显著提升了整个建筑生命周期的效率和质量。

在投-建-营一体化模式下，项目的每一个阶段都不再是孤立的环节。从开始，投资者、建筑师、工程师以及未来的运营团队就共同参与到项目规划和设计中。这种跨阶段的协作使得项目设计更加符合实际运营需求，减少了后期改动的可能性，从而在提高建设效率的同时，也确保了建筑质量和功能的最优化。此外，该模式的另一个显著优势是在于风险管理。在传统分段式模式中，由于责任和利益的划分往往不明确，项目在不同阶段容易出现责任推诿和信息不对称的情况。而在一体化模式下，由于所有参与方从项目初期就共担风险和利益，因此在项目的整个生命周期中，都有更强的动力去识别和管理潜在风险，保证项目的顺利进行。

在运营阶段，投-建-营一体化模式展现出其独特优势。由于前期的投资者和建设团队继续参与运营阶段，他们对建筑物的特性和设计理念有着深刻理解，可以更有效地进行运营和维护。这种从设计之初就考虑到运营和维护的方式，有助于降低长期运营成本，提高建筑物的使用效率和寿命。

3. 双循环

建筑产业及其产业链经济将在内循环和外循环双轮驱动中发挥十分重要的作用，国内市场的深度开发与国际市场的积极拓展相辅相成，共同构建了双循环的新发展模式。

内循环方面，建筑产业仍是推动经济增长和稳定的主要力量，主要强调的是国内市场的深度开发和利用，通过激发内需潜力，促进经济自我循环和自我强化。通过对基础设施的投资和建设，包括但不限于交通、能源和通信网络，建筑产业不仅直接促进了投资和就业的增加，还为其他行业的发展奠定了坚实的基础。此外，随着城镇化进程的快速推进和新型城镇化建设的需求增长，建筑产业的发展势头将进一步加强，为国内经济的循环增添新的活力。

外循环方面，建筑业企业深化国际合作，特别是通过承担海外建设项目，对外展示中国的建筑技术、管理经验和行业标准，不仅能够带动相关产业链企业"走出去"，同时也有助于提升中国建筑产业的国际影响力和竞争力。

在双循环的新发展格局下，建筑产业需要采取多项策略以适应并促进这一变革。首先，加强技术创新和应用，提高建筑效率和质量，降低建设成本，满足国内外市场的多样化需求。其次，推进绿色建筑和可持续发展，响应全球环保趋势，开拓绿色建筑市场，提升国际竞争力。再次，加强与国际建筑产业的交流合作，拓宽国际视野，引进先进技术和管理经验，提升全球布局能力。最后，建筑产业还需加大培训力度，提升从业人员的专业技能和国际化水平，为双循环的实施提供坚实的人才支撑。

4. 深化"1+1+N"模式

所谓"1+1+N"模式，其中"1+1"为既有公共投资和社会资本投资的传统基建方式；"N"为新动能带动的建筑产业增量，新动能主要来源于科技创新、产业升级和绿色发展等方面，它们为建筑产业带来了前所未有的发展机遇。

深化"1+1+N"模式的关键在于：加强政策引导和支持，规范实施政府和社会资本合作新机制；加大对建筑科技创新的投入，推广应用新材料、新技术和新工艺，提升建筑产业的整体技术水平和竞争力；推动绿色建筑和可持续发展，鼓励绿色建筑的发展，推动节能减排和资源高效利用，实现建筑产业的绿色转型；培育新业态和新模式，探索和培育智慧城市建设、装配式建筑等新业态和新模式，拓宽建筑产业的发展空间。

总而言之，"1+1+N"模式为建筑产业创新发展提供了有力支撑。通过深化这一模式，可以更好地整合传统基建方式和新动能资源，推动建筑产业实现更高质量、更可持续的发展。

5. 全过程咨询

《国务院办公厅关于促进建筑业持续健康发展的意见》（国办发〔2017〕19号）是指导建设领域深化改革的纲领性文件，明确指出，培育全过程工程咨询。鼓励投资咨询、勘察、设计、监理、招标代理、造价等企业采取联合经营、并购重组等方式发展全过程工程咨询，培育一批具有国际水平的全过程工程咨询企业。

在我国，全过程咨询是必然发展方向。从需求侧分析，主要体现在五个方面：

一是仍在原计划经济条件下设计、施工分别中标的模式，这种模式项目业主迫切需要有全过程咨询机构帮助把控质量、安全、成本、进度，同时还要制约设计方和总包方，实现项目的更好、更省、更快。

二是EPC模式下项目业主方没有足够的经验，虽然实现了EPC，但对于到底应该花多少钱买成品、交钥匙全然没有经验，比如应该花多少钱买一个三甲医院、全日制中学、污水处理厂、市政桥梁等，EPC业主方也迫切希望全过程咨询机构能够为其提供重要的咨询意见，来制约EPC总承包方，既鼓励EPC总承包方优化设计缩短工期、节省投资，又避免盲目地为了节省而节省，造成项目的使用价值降低的问题。

三是 EPC 总承包方作为全新的市场主体，需要协调设计、施工、分包、材料供应、材料采购等各个方面，这一能力不是与生俱来的，也需要通过项目实践不断提升，也迫切需要全过程咨询机构能为其提供重要的咨询意见，切实实现项目更好、更省、更快，避免在质量、安全、成本、进度上出现重大失误。

四是现在还有大量的 PPP 项目，此类项目的业主方尽管已经找到了投资方，但也需要积累 PPP 的经验，需要有全过程咨询机构来帮助地方政府和业主方把控好 PPP 项目。

五是 PPP 投资方和总承包方拿到项目之后，已然是全新的挑战，同样希望有全过程咨询机构来帮助指导 PPP 项目的设计、建造和运维。综上，全过程咨询是新的更高的核心竞争力，全然不是一般的监理、设计、科研、咨询单位所能够包打天下的。全过程咨询不等于专项咨询，但是包括专项咨询；全过程咨询不等于监理，但是可以包括监理的重要咨询意见；全过程咨询与设计的关系是复杂而深刻的新型市场主体之间的关系；全过程咨询机构不是在某一领域有什么能力，而是有一整套完整的体制机制，能够有充分的能力知悉全国某个领域某个专业谁是最知名的专家，并且能够请到解决问题实现优化设计；知悉谁在某个领域做过重大创新，创造巨大价值。全过程咨询的项目经理已然是一个新的且更重要的职业角色，其能力应该与 EPC 项目经理或 PPP 项目经理难分伯仲甚至更胜一筹。所以，全过程咨询是我国工程建设领域新质生产力提升的重要内涵。

全过程咨询要体现出价值。现在很多机构想从事全过程咨询，但是老虎吃天——无从下口。有些机构还在幻想着政府主管部门能够再颁发一个资质，制定一个收费标准，习惯于走老路，全然忽略了现在是市场经济，市场经济就是讲价值，所以全过程咨询机构要问自己，我能给业主方（如前所述的五个方面业主）带来什么价值？答案归结起来可分为两大类：第一大类，如果某一个城市、地方同意在监理费用的基础上增加 20% 作为全过程咨询费用，那么全过程咨询机构就要回答能否实现公共投资项目在其全过程咨询下，不超概算和工期，而且质量、安全、成本、进度都把控得很好，还有很多的质量提升和价值提升，这样的机构就有市场。第二大类，如果某一个城市、地方没有这样的收费标准。全过程咨询机构能否向上述五个方面业主的需求侧，证明通过其全过程咨询能让项目不超概算和工期，还能实现项目更好、更省、更快，不省钱、不收费，省下钱以后按一定比例收取全过程咨询服务费用。如果设计方同意咨询机构优化设计、缩短工期、节省投资意见，还要适当奖励有关设计方，否则设计方将会成为优化设计、缩短工期、节省投资的难以逾越的强大阻力。这样的体制机制创新，才是全过程咨询破题的关键所在。

现在，所有全过程咨询机构要把重心和重点放在价值研究上。我们说重要的事情讲三遍，价值！价值！价值！如何证明全过程咨询有价值，案例！案例！案例！每个全过程咨询机构都要突出自己的重要领域、重要方面，谁都不可能包打天下，比如做三甲医院、全日制中学、污水处理厂、垃圾处理厂、轨道交通全过程咨询等。现在，全过程咨询又上了一个新的台阶，一些城市政府要求全过程咨询机构能够给城市政府一些园区和一些重大项目投－建－营提供整体方案，上升到了投资决策过程的咨询解决方案。按照以上观点，如果能在这方面讲好案例、价值，那么一个全新的全过程咨询的体制机制就基本形成了。

结束语

对于建筑产业的转型发展，我们要有哲学思辨，这种思辨能力对于管理者来说是至关重要的。军事理论家、军事历史学家克劳塞维茨曾说，任何思维都是一种能力。对一个管理者来说，其哲学思辨的能力是其最核心的能力。以下是作者梳理的几种思维能力，仅供参考：

第一是全面辩证思维。马克思主义中的唯物主义和辩证法提醒我们要全面看待问题，应该"一览众山小"，站得更高，才能看得更加全面。在建筑产业转型中，要综合考虑社会、经济、环境等方面的影响，才能作出全面有效的决策。

第二是逻辑思维。逻辑思维在建筑产业中尤为重要，工程项目从设计到施工再到运维，各个环节都需要清晰的逻辑和流程，逻辑思维尤为重要，确保项目的高效推进，是质量、安全、成本、进度控制保障的关键。

第三是共创共享思维。共创共享模式可以推动创新，特别是在科技型企业，当上市的时候，投资机构在做战略投资分析时，会关注公司的技术团队是否持有股份，如果持有股份，对于投资机构的评估是加分的。这是股份通过共创共享以驱动技术团队在技术研发上不断创新。

第四是存量与增量的关系。对于既有核心能力（存量），要慎重评估和有效利用，同时也要大胆开展创新，拓展新领域（增量），实现双轨并进。

第五是大客户战略与内涵式 EPC（价值思维）。注重大客户战略可以稳定业务基础，而内涵式 EPC 则是推动企业自身价值思维的提升，有助于长期发展，这两者可以相辅相成。

第六是互联网＋和未来预期思维。可以为建筑产业提供数字化、智能化的解决方案和发展思路。硅谷创投教父、PayPal 创始人彼得·蒂尔在《从 0 到 1：开启商业与未来的秘密》一书中分析了几个新经济观点和新经济实践。

这些思维模式和方法在建筑产业的转型发展中同样具有指导意义，能够帮助我们建筑产业的领导者更好地应对复杂多变的市场和挑战，实现产业的可持续、创新展。

高德纳技术成熟度曲线（Gartner Hype Cycle）是由美国研究和咨询公司 Gartner 开发的一种图形工具（图 1），用于显示新兴技术的成熟度、采纳率和商业应用的预期情况。该曲线以时间为横轴，以技术成熟度和市场采纳度为纵轴，描述了一种通用的技术采纳过程。该曲线分为以下阶段：

技术萌芽期：新技术刚刚出现，引发广泛关注和兴奋。在这个阶段，技术还不成熟，可能存在很多不确定因素。

期望膨胀期：技术进入这个阶段后，出现了热潮，人们对其寄予了极高的期望，甚至可能过分乐观。媒体和市场炒作达到顶峰。

泡沫破裂低谷期：随着初期的兴奋过去，人们开始对技术的实际能力和应用感到失望，可能遇到困难和挫折。这个阶段可能伴随技术的部分失败和挫折。

稳步爬升复苏期：通过解决问题、改进技术、实际应用和用户经验，技术逐步成熟，人们开始理性看待并接受这个技术，探索其真正的价值。

生产力成熟期：技术逐渐成熟并被广泛接受，已经成为商业应用的一部分，市场认可度稳定增加，并进入日常商业实践。

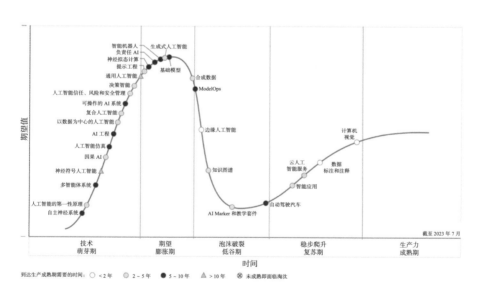

图1　2023人工智能技术成熟度曲线（来源：Gartner）

高德纳技术成熟度曲线对企业、政府和投资者等有助于理解和规划新兴技术的发展趋势和商业应用。

高德纳的研究确实指出了技术发展常伴随着特定的曲线,这在很多高科技领域都可以观察到。对于数字产业化技术和双碳技术,尤其是在建筑产业这样拥有巨大场景的行业,是走向大规模应用的关键。我们还要注重价值实现,把握好先进技术与成熟技术的关系。建筑产业是数字技术和"双碳"技术应用的巨大场景,要加快发展就要借助资本的力量,三者结合是建筑产业实现数字化、绿色化和低碳化发展的重要战略窗口期(图 2),实现从"1 到 N"。

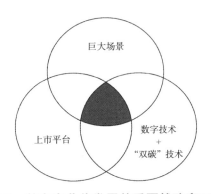

图 2 数字产业化发展的重要战略窗口期

此外,借助资本力量可以加速技术的研发、推广和应用。资本能够提供必要的投资、资源、市场渠道和战略指导,帮助技术更快速地实现量产和商业化,尤其对于建筑产业这种需求量极大、涉及多方面的产业来说,资本的介入能够更好地推动技术的研发、迭代和成熟。

毛主席曾说过,工作成功必须要情况明、决心大、方法对。这一指导思想同样适用于建筑产业的转型升级。情况明，意味着对当前情况的深刻理解和全面把握。在建筑产业转型中，了解市场趋势、技术发展、政策法规等是至关重要的。只有对形势有清晰、明确的认识，才能制定相应的战略和行动计划。决心大，意味着在面对转型时，决心和勇气是不可或缺的。这意味着要对转型的目标有坚定的信念，不惧怕困难和挑战，勇于承担风险，作出艰难的决定。特别是在绿色化、低碳化和数字化的转型中，需要有坚定的决心以应对行业的挑战。方法对，强调的是正确的方法和策略。建筑产业的转型需要科学、合理的方法，包括市场营销策略、技术创新、人才培养、资本运作等方面的正确决策和实施。选用适当的工具和方法，以确保转型顺利进行。

现在，建筑产业正经历从市场模式变革到绿色化–低碳化–数字化的转型升级（图3），建筑业企业的决策者应当以这三个原则为指导。积极应对市场的变化

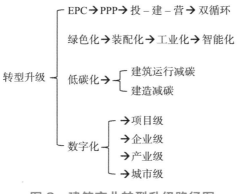

图 3　建筑产业转型升级路径图

和挑战，勇于创新，实现企业的高质量发展。

综上，发展是量变和质变的辩证统一，"量的合理增长"是"质的有效提升"的重要基础，而"质的有效提升"又是"量的合理增长"的重要动力，两者相互作用、相互推动，构成高质量发展的实现路径。建筑产业转型升级进而实现高质量发展问题，我们要研究透、解决好，要以大格局、大思维思考大背景、大战略。